城市轨道交通可持续经营

——广州地铁运营发展探索和实践

刘菊美 编著

人民交通出版社股份有限公司

北京

内 容 提 要

本书主要介绍了广州地铁线网运营从"运营好"向"经营好"转变的一系列实践探索，包含城市轨道交通运营发展概况、城市轨道交通可持续经营分析、广州地铁可持续经营发展概述、高效人力资源配置、精益维修管理实践、节能降耗绿色发展、多元业务创收探索、创新经营考核与激励体系、资源精准配置体系建设、经营一体化协同发展、未来展望等，全面总结了广州地铁线网运营近年来在可持续经营上的系统思考和实践经验。

本书对城市轨道交通行业从业人员有较高的借鉴意义，亦可作为相关专业院校的教材或教学参考资料。

图书在版编目(CIP)数据

城市轨道交通可持续经营：广州地铁运营发展探索和实践 / 刘菊美编著. — 北京：人民交通出版社股份有限公司, 2022.12
ISBN 978-7-114-18377-5

Ⅰ.①城… Ⅱ.①刘… Ⅲ.①城市铁路—轨道交通—交通运输管理—研究—广州 Ⅳ.①U239.5

中国版本图书馆 CIP 数据核字(2022)第 241684 号

Chengshi Guidao Jiaotong Kechixu Jingying
——Guangzhou Ditie Yunying Fazhan Tansuo he Shijian

书　　名：	城市轨道交通可持续经营——广州地铁运营发展探索和实践
著 作 者：	刘菊美
责任编辑：	钱　堃
责任校对：	赵媛媛
责任印制：	张　凯
出版发行：	人民交通出版社股份有限公司
地　　址：	(100011)北京市朝阳区安定门外外馆斜街 3 号
网　　址：	http://www.ccpcl.com.cn
销售电话：	(010)59757973
总 经 销：	人民交通出版社股份有限公司发行部
经　　销：	各地新华书店
印　　刷：	北京虎彩文化传播有限公司
开　　本：	720×960　1/16
印　　张：	15.75
字　　数：	282 千
版　　次：	2022 年 12 月　第 1 版
印　　次：	2022 年 12 月　第 1 次印刷
书　　号：	ISBN 978-7-114-18377-5
定　　价：	59.50 元

(有印刷、装订质量问题的图书，由本公司负责调换)

前言
PREFACE

当前,我国城市轨道交通保持快速发展态势,线路在建里程和开通里程连续多年居于高位,北京、上海、广州等城市的城市轨道交通网络已初具规模,起到了缓解交通压力、疏导人群集聚、打开城市格局的巨大作用。同时,随着城市轨道交通网络覆盖面的扩大,网络的可达性更强,市民对选择城市轨道交通出行的意愿日趋增强。

对城市轨道交通运营企业而言,持续发展的根本目标是为乘客提供便捷、准点、环保的出行服务,并且能为企业及其利益相关者创造价值,最终实现企业与社会、组织与个人的共融共生。因此,运营企业在保证社会效益的同时,也应重视自身经济效益,寻求企业收入与成本之间的经营平衡。2019年以来,受城市人口规模增长放缓以及疫情影响,运营企业经营压力剧增。一方面客流量增长遇到瓶颈,而电力、维修、人力等成本逐年上升,收支缺口逐步扩大,现金流持续承压,当前高度依赖资源注入和资金到位的经营模式不可持续;另一方面,线网规模增长既是机遇也是挑战,随着业务体量和线路差异不断扩大,传统的"自上而下、高度统一"管控模式逐渐无法适应发展需要,资源错配、结构失衡、活力缺失等问题逐步累积。运营企业亟须加快经营机制转型升级与成本结构优化调整,向创新驱动、效率驱动与人力资本驱动的高质量发展模式转变。

广州地铁历经30年发展历程,运营板块的业务体量与组织形态历经多次发展与变革。面向"十四五"发展新阶段,广州地铁运营发展的核心从适应线网规模扩张,转向高质量运营与可持续经营。为此,广州地铁聚焦"控本增效、开源增收"两条关键路径,开展了一系列探索与实践,旨在打造经营管理高效、资源投放精准的敏捷型组织。

在控本增效方面,一是通过差异化精准配员、精细化人员配置,实现高效人力资源管理;二是通过差异化维修策略、动态调整维修模式、加快维修技术升级应用,实现精益维修管理;三是通过系列节能管控措施、节能新技术,实现节能降耗绿色发展。

在开源增收方面,一是贯彻"全程为你"的品牌理念,提供高水平线网运营服务,稳定票务收益"基本盘",同时深入挖掘品牌价值,释放客户端消费潜能;二是深耕对外服务,提供涵盖新线机电建设、线网运营服务、既有线升级改造及附属资源经营等全链条服务产品,促进多元创收。

在经营机制方面,一是以"统筹有方、协调有序、考核有据、激励有效"为目标,创新经营考核与激励体系,推动各个层级参与企业治理,充分调动广大员工控本增效和开源增收的积极性;二是以全要素资源配置视角,重新审视各类资源的投入产出效益,构建涵盖全面预算、投资立项、定额、资产、税务管理的全链条精准资源配置体系,同时面向附属资源经营和设计、建设开展一体化协同管理。

本书系统介绍了广州地铁在线网运营发展过程中对可持续经营的一系列探索与实践,为行业破解可持续经营难题提出了广州地铁方案,可作为城市轨道交通行业从业人员的参考书,也可作为本科、职业院校城市轨道交通类专业教材。

本书在编写过程中,参考了国内外相关专著、研究报告和文献,并在书末列出了主要参考文献,在此谨向有关作者致以衷心感谢。

限于编写人员水平,书中定有不足之处,恳请广大读者批评指正。

编 者
2022 年 9 月

目录

CONTENTS

第1章　城市轨道交通运营发展概况 ·· 1
  1.1　运营发展现状与趋势 ·· 3
  1.2　网络化运营面临的挑战 ·· 6
  1.3　小结 ·· 9

第2章　城市轨道交通可持续经营分析 ·· 11
  2.1　可持续经营的概念和内涵 ·· 13
  2.2　可持续经营的关键问题 ·· 13
  2.3　小结 ·· 21

第3章　广州地铁可持续经营发展概述 ·· 23
  3.1　运营发展历程 ·· 25
  3.2　经营发展状况 ·· 30
  3.3　可持续经营目标与路径 ·· 38
  3.4　小结 ·· 39

第4章　高效人力资源配置 ·· 41
  4.1　概况 ·· 43
  4.2　差异化配员标准 ·· 43
  4.3　精细化人员配置 ·· 54
  4.4　小结 ·· 66

第5章　精益维修管理实践 ·· 67
  5.1　概况 ·· 69
  5.2　差异化维修策略 ·· 69
  5.3　动态调整维修模式 ·· 90

5.4　技术创新应用 ·· 94
　　5.5　小结 ·· 105
第 6 章　节能降耗绿色发展 ·· 107
　　6.1　概况 ·· 109
　　6.2　牵引节能管控 ·· 111
　　6.3　动力照明节能管控 ·· 114
　　6.4　小结 ·· 119
第 7 章　多元业务创收探索 ·· 121
　　7.1　品牌价值赋能 ·· 123
　　7.2　多元业务创收 ·· 127
　　7.3　典型案例 ·· 132
　　7.4　小结 ·· 138
第 8 章　创新经营考核与激励体系 ·· 139
　　8.1　经营计划管理 ·· 141
　　8.2　绩效考核管理 ·· 143
　　8.3　薪酬分配管理 ·· 148
　　8.4　小结 ·· 155
第 9 章　资源精准配置体系建设 ·· 157
　　9.1　全面预算管理 ·· 159
　　9.2　投资立项管理 ·· 165
　　9.3　定额管理 ·· 170
　　9.4　资产管理 ·· 176
　　9.5　税务管理 ·· 184
　　9.6　小结 ·· 187
第 10 章　经营一体化协同发展 ·· 189
　　10.1　概况 ·· 191
　　10.2　运营与附属资源经营一体化协同 ·· 191
　　10.3　运营与建设、设计一体化协同 ·· 197
　　10.4　小结 ·· 204
第 11 章　未来展望 ·· 205
　　11.1　系统构建安全防线 ·· 207

11.2 纵深推进控本增效 ·················· 208
11.3 全力拓宽增收渠道 ·················· 210
11.4 持续完善经营模式 ·················· 212
11.5 小结 ······························ 214
附录 A 广州地铁智慧化运营典型场景 ········· 215
  A.1 车站运作场景应用 ·················· 217
  A.2 运输组织场景应用 ·················· 220
  A.3 车辆运维场景应用 ·················· 223
  A.4 信号运维场景应用 ·················· 228
  A.5 通信运维场景应用 ·················· 230
  A.6 变电运维场景应用 ·················· 231
  A.7 接触网(轨)运维场景应用 ············ 233
  A.8 机电运维场景应用 ·················· 235
  A.9 基础设施运维场景应用 ·············· 236
  A.10 车辆基地运作场景应用 ············· 238
附录 B 数据搜集和资料整理工作人员名单 ····· 239
参考文献 ································ 242

第1章
城市轨道交通运营发展概况

随着我国城市轨道交通的快速发展,越来越多城市的轨道交通系统进入网络化运营阶段。在线网规模较大的一线城市,城市轨道交通客运量占城市公共交通客运量的比例已超过一半。2019年以来,受城市人口规模增长放缓及疫情的影响,许多城市轨道交通运营企业面临收入下滑和成本攀升的严峻形势。如何实现城市轨道交通运营的可持续发展,成为亟待思考和解决的问题。本章从分析我国城市轨道交通运营发展现状与趋势出发,从五个方面对网络化运营条件下城市轨道交通运营企业面临的挑战进行了全面阐述。

1.1 运营发展现状与趋势

随着我国经济的飞速发展和城市化进程的加快,在国家政策的正确引导和相关城市的积极努力下,我国城市轨道交通在"十二五"和"十三五"期间得到快速发展。根据中国城市轨道交通协会的统计数据,2012 年至 2021 年,我国(不含港澳台)开通城市轨道交通系统的城市从 17 座快速发展至 50 座;运营里程由 2077 千米增长至 9206 千米,增长 343%。这个阶段井喷式的发展与建设让我国成为名副其实的城市轨道交通大国。

随着城市轨道交通网络规模的增长和覆盖面的扩大,网络的可达性更强,市民对选择城市轨道交通出行的意愿日趋增强。据统计,我国(不含港澳台)城市轨道交通年客运量由 2012 年的 87 亿人次增长至 2021 年的 237 亿人次,增长 172%。2021 年北京、上海、广州城市轨道交通的日均客运量已达 900 万人次及以上。2021 年,全国城市轨道交通客运量占城市公共交通客运量的平均比例达 43%,上海、北京、广州、深圳、成都、南京、杭州、南宁等地城市轨道交通客运量占公共交通客运量比例超过 50%。城市轨道交通已成为城市居民公共交通出行的主要方式。

如图 1-1 所示,2012—2021 年我国(不含港澳台)城市轨道交通运营里程逐年上升,日均客运量在 2012—2019 年逐年递增,2020 年受疫情影响下降,2021 年逐步回升至 2019 年相当水平。

图 1-1 2012—2021 年我国(不含港澳台)城市轨道交通运营里程与日均客运量

我国城市轨道交通发展情况主要呈现以下特征。

1.1.1 城市轨道交通由追求速度、规模向更加注重质量、效益转变

近十年,我国城市轨道交通建设规模呈快速增长态势,对提升城市公共交通

供给质量和效率、缓解城市交通拥堵、引导优化城市空间结构布局、改善城市环境起到了重要作用。为促进城市轨道交通规范有序发展,2018年7月,国务院办公厅发布《关于进一步加强城市轨道交通规划建设管理的意见》(国办发〔2018〕52号),提出城市轨道交通建设应量力而行,有序推进,以城市财力和建设、运营管理能力为实施条件,合理把握建设规模和节奏,切实提高城市轨道交通发展质量,确保与城市发展水平相适应。同时,对城市轨道交通的建设申报条件进行优化调整。其中,地铁主要服务于城市中心城区和城市总体规划确定的重点地区,申报建设地铁的城市一般公共财政预算收入应在300亿元以上,地区生产总值在3000亿元以上,市区常住人口在300万人以上。引导轻轨有序发展,申报建设轻轨的城市一般公共财政预算收入应在150亿元以上,地区生产总值在1500亿元以上,市区常住人口在150万人以上。拟建地铁、轻轨线路初期客运强度分别不低于每日每公里0.7万人次、0.4万人次,远期客流规模分别达到单向高峰小时3万人次以上、1万人次以上。

2019年9月,中共中央、国务院印发《交通强国建设纲要》,提出要推动交通发展由追求速度规模向更加注重质量效益转变,由各种交通方式相对独立发展向更加注重一体化融合发展转变,由依靠传统要素驱动向更加注重创新驱动转变。根据城市轨道交通协会的统计数据,2012—2021年我国(不含港澳台)城市轨道交通在建线路长度年平均增幅约为12%,截至2021年底我国(不含港澳台)55座城市在建线路共253条(段),其中22座城市在建线路长度超过100千米,整体规模较以往稍有回落(图1-2)。

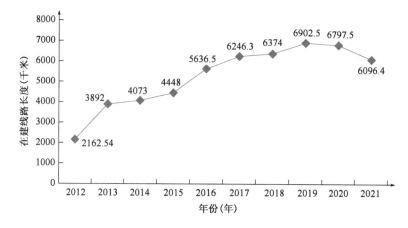

图1-2 2012—2021年我国(不含港澳台)城市轨道交通在建线路长度(千米)

第1章 城市轨道交通运营发展概况

进入"十四五"阶段,城市轨道交通的发展重心从大力推进建设速度和扩张线网规模,逐渐向精细化管理和可持续经营的稳定发展转变,需要通过创新发展实现社会责任与经济效益的进一步平衡,推动我国从城市轨道交通建设的"交通大国"迈向城市轨道交通高质量发展的"交通强国"。

1.1.2 城市轨道交通网络化运营进入快速发展阶段

按照《城市轨道交通行车组织规则》(JT/T 1185—2018)的定义,城市轨道交通网络化运营是建立在多线路组成的城市轨道交通线网的基础上,旨在高效满足出行者需要的安全、可持续的运输组织方式与经营行为的总称。多线路组成的线网具备以下特征:线路数达到4条及以上,线路关联形成网格状,基本连通、覆盖城市中心城区;换乘站达到3座及以上,不同线路可以实现无障碍换乘。

根据中国城市轨道交通协会统计,截至2021年底,我国(不含港澳台)拥有4条及以上城市轨道交通运营线路,且拥有3座及以上换乘站的城市有24座,占已开通城市轨道交通城市总数的48%。其中,上海、北京、广州和成都的城市轨道交通线网规模达500千米以上,达到大线网或超大线网运营阶段;深圳、南京、武汉、重庆、杭州的城市轨道交通线网规模为300~500千米,进入中大型线网运营阶段;青岛、郑州、西安、天津、沈阳、苏州、长沙、昆明、南宁、福州等15座城市的城市轨道交通进入网络化初期阶段(图1-3)。

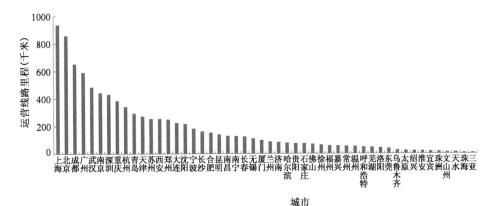

图1-3 2021年我国部分城市的城市轨道交通运营线路里程(千米)

网络化运营转型给既有管理模式带来新的挑战。一方面运营区域范围大、站点多,管理幅度大、层级多,管理力量难以完全跟上发展形势;另一方面运营专业多、工种多、接口多、协作难,既有生产组织模式难以适应网络化运营要求。另外,随着既有线设施设备陆续进入中大修和更新改造周期,企业成本管控和经营压力越来越大。

1.1.3　科技创新驱动运营的高质量和可持续发展

新一轮科技革命深入推动城市轨道交通行业的发展和变革。2020年3月,中国城市轨道交通协会发布了《中国城市轨道交通智慧城轨发展纲要》,提出智慧型城市轨道交通(简称"智慧城轨")建设是城市轨道交通高质量发展的主要抓手,即通过应用云计算、大数据、物联网等新兴信息技术,全面感知、深度互联和智能融合乘客、设施、设备和环境等实体信息,聚焦提高系统安全可靠性、提升网络生产效率、完善综合服务水平、提高社会效益和经济效益等,创新服务、运营、建设管理模式,构建安全、便捷、高效、绿色、经济的新一代中国式智慧型城市轨道交通。

目前,北京、上海、广州、深圳、重庆等二十多个城市相继编制了智慧城轨发展规划、信息化建设规划或推进智慧城轨建设的白皮书等,积极推进相关工作落地实施,已取得了很好的成效。具体项目有北京燕房线全自动运行工程、重庆基于通信的列车自动控制互联互通工程、上海地铁智能运维工程、广州地铁智慧车站建设等。

以科技创新为导向的智慧城轨建设,将通过大数据、物联网、人工智能等新技术与生产运作场景的深度融合,极大地助力城市轨道交通运营企业实现数字化转型,进而革新自身的服务形态、内部生产组织体系和对设施设备的应用认知,提升在全周期成本、运作效率、资源投入等方面的核心管理能力。

1.2　网络化运营面临的挑战

根据国际地铁协会(Community of Metros,CoMET)统计,其成员单位最为关注的战略性挑战中,快速扩张下的线网运营管理、人员培训与储备、成本控制与设施更新、合理的组织架构与治理结构、票价与附属商业收入提升等问题均位居前列。网络化运营是一个从量变到质变的过程,既面临线路运营到网络化运营的放大性效应,又面临着新的发展阶段、新的内外部条件给运营管理带来的巨大挑战。

1.2.1　安全稳定运营

随着城市的发展及城市轨道交通网络的完善,线网的通达性大大提高,再加上固有的安全、准点、快捷等优点,城市轨道交通运输的整体优势得到充分体现,从一种"可选项"逐步成为市民出行的"必选项",最后更是成为一种生活的习惯。

网络化运营条件下,任何一条线路发生突发应急情况,都有可能影响相邻线路,甚至波及整个线网。结合城市轨道交通运营业务特点,运营的安全稳定主要面临8个方面的挑战,包括行车安全、客运安全、消防安全、设备设施安全、施工安全、外部环境安全、综治安全、票务安全,需要从政府、企业和社会的层面形成长效的治理机制。

一是行车安全,主要防范列车驾驶、调度指挥、接发列车等作业不规范导致列车冲突、挤岔、脱轨等风险,需着重做好运营生产的过程控制。

二是客运安全,主要防范乘客在进站、进闸、乘车、出闸、出站等环节存在的各类风险,如车站大客流疏导不利,造成乘客拥堵踩踏。

三是设备设施安全,主要防范由于行车、客运服务等各类设备设施状态不良影响运营安全,需着重做好设备设施可靠性管理。

四是消防安全,主要防范设备、人、环境等因素造成的火灾风险,需着重做好消防安全设备设施维护、人员巡查及值守、火灾应急处置等管理。

五是施工安全,主要防范未经批准施工、施工安全防护措施落实不到位、施工后未"工完场清"和设备功能状态未恢复等风险,需着重做好设备设施维护、工程建设施工等作业管理。

六是外环境安全,主要防范沿线外部违规施工导致设备设施受损,以及台风、洪涝水淹、地震等自然灾害引发的运营风险,需着重做好自然灾害应对和社会环境管控。

七是综治安全,重点防范乘客携带危险品进站乘车、恐怖袭击等风险,以及涂鸦、乞讨、人为损坏设备设施等扰乱公共秩序或危害公共安全的行为,需着重做好社会综治、恐怖袭击等风险管控。

八是票务收益安全,主要防范由于设备设施故障或人为因素导致的票务收益风险,需着重做好票务业务的现金收入和票卡扣值收入安全的审核,以及对乘客违规使用特种车票、逃避票款等行为的稽查。

1.2.2 团队建设与管理

人工成本是运营企业的重要支出项之一,相对而言,人力资源管理工作是重中之重。城市轨道交通运营企业的员工队伍建设主要面临以下几方面的挑战。一是在网络化发展进程中,运营企业多出现节点式的开通里程、员工队伍规模翻倍情况。对于运营企业而言,在这种高速扩张下,如何快速形成一个结构较为稳定、有序的人才梯队,是一个亟待解决的挑战。二是在新线密集开通时,大量新员工的加入进一步促使员工队伍年轻化,而刚刚走出校园的新员工缺乏足够的实战经验和技能沉淀,同时,原有的技术力量被摊薄、稀释,不利于集中力量解决关键技术问题。三是线路差异带来设备新、技术新、专业门类多的特点,造成学习难度大、技术统筹难、设备管理复杂等问题。四是线网发展也给管理人员带来了新的要求,管理人员如果缺乏综合性的管理素质与能力,将无法应对业务管控范围大、要求高的挑战。

1.2.3 运营管控转型

网络化运营转型使原有的管理体系面临很大的冲击,其核心问题是网络化运营下的效率问题。

一个是区域管理范围过大。随着线路的陆续开通,线网从城市中心区域开始,逐步向外扩展到郊区或周边卫星城市,地理跨度、业务管理跨度都很大。

另一个是专业化分工所带来的协作效率问题。线路运营阶段一般以专业化分工作为组织机构的主线,即负责车务与负责设备维修的部门各自分离,而设备维修部门往往还细分为若干个大专业、数十个细化专业。这种模式对于线路较少、处于运营初期的组织,较有利于专业能力的培养。但在网络化运营阶段,这种模式也会显现出很多的弊端,包括专业之间的协作接口多、单一专业管理幅度大等问题。更重要的是,谁是服务交付责任的主体难以明确,专业部门只负责自身表现,线网整体服务质量只能由管理层直接负责。

1.2.4 运营成本管控

城市轨道交通行业是资产密集型的行业。在网络化运营条件下,如何有效控制成本、实现城市轨道交通的可持续经营的问题更为突出。在新线设计、建设阶段,往往从线路特性、技术创新等角度,引入新设备、新技术,导致设备与系统多样化、差异化,给运营阶段的规模化、标准化管理带来挑战,提高了维护成本、备件采购成本。在线网由中心城区向城市郊区延伸过程中,规划引导型线路相对交通疏导型线路逐步增多,运营企业收支平衡压力加大。进入网络化运营阶段后,既有线设备设施逐年老化不断推高维保成本,线网更新改造呈现常态化趋势,运营成本管控压力大。

1.2.5 经营效益保障

一是票价采取非市场化定价,政府购买公共服务的机制存在不确定性。作为城市公共服务的重要部分,我国(不含港澳台)城市轨道交通一般定位为准公益性行业,定价普遍较低。在维持较低基准票价的同时,城市轨道交通运营企业也需要为公共交通票价优惠、城市特定大型活动等提供支持,而这一部分在票价制定时并未完全同步考虑,也未形成政府购买的约定机制。如广州在亚运会前制定的一卡通优惠政策规定,每月刷卡15次后实行6折优惠。随着运营线路的拓展和符合优惠条件刷卡次数的增多,票务收入缺口将逐年扩大。

二是社会效益难以货币化,政府的反哺机制未建立。城市轨道交通运营对社会经济、城市建设的拉动作用是明显的。但城市轨道交通运营企业并没有由此获得明显的效益,甚至随着城市轨道交通网络往偏远郊区的进一步延伸,还要承担区域发展培育期的低客流成本压力。目前,"地铁+物业"模式成为政府对城市轨道交通投资建设发展模式的重要选择,但这种模式主要还是基于资金筹措、支持线路建设的角度,对城市轨道交通运营的考虑并不多。

1.3 小　　结

随着越来越多的城市轨道交通线网进入网络化运营阶段,城市轨道交通运营企业面临着安全稳定运营、员工队伍建设、运营管控体系变革、运营成本有效管控、经营效益保障等多方面的压力。同时,受疫情的影响,许多城市的客运量下降导致票务收入大幅下滑,加之部分开通年限已久的线路更新改造的资金需求不断增大,经营成本不断攀升,运营收支难以平衡的问题日益凸显,经营保障方面面临严峻挑战。

如何保障可持续发展,如何应对行业自身及外部环境的不确定性经营风险,是每个城市轨道交通运营企业面临的和必须解决的问题,也是实现城市轨道交通从高速发展向高质量发展转变、由"运营好"向"运营好+经营好"转变的关键。

第2章
城市轨道交通可持续经营分析

城市轨道交通的高质量运营是运营企业生存的根基,可持续经营是运营发展的命脉。面对疫情影响下的票务收入下降和运营成本控制等多重挑战,运营企业在最大程度地满足城市发展和乘客需求的前提下,必须考虑对经营策略进行优化,主动控制运营成本,积极拓宽增收渠道,寻求收入与成本之间的经营平衡,才能实现由"运营好"向"运营好 + 经营好"转变,从而实现可持续经营。

2.1 可持续经营的概念和内涵

企业的经营与运营是相辅相成的,运营好是企业生存的根基,经营好是企业发展的命脉。一般来说,企业的运营是指对生产或提供企业主要产品的运营过程进行计划、组织、实施和控制,其目的是使企业内部各项生产活动(如安全管理、生产运作管理、质量管理、服务管理等)有序运作。企业的经营是指为了满足社会需要和企业自身的生存发展,对企业的经营活动进行筹划和决策等,其目的是使企业在最大限度地满足用户需要的同时,取得良好的经济效益。

企业可持续经营的前提是确保当下各项经营活动有序开展,并排除影响企业存续的风险,体现为时间维度上的延续和价值维度上的成长,即企业在市场竞争中持续存活、成长性良好,由小到大、由弱到强,量的扩张和质的提升齐头并进,并通过良好的财务表现以及品牌价值得以体现。具体如下:

从经营效益维度看,企业的可持续经营一方面表现为良好的财务数据和正向增长的财务指标,收入支出实现平衡、良好的现金流及获利能力均意味着企业具备可持续经营的基础和前景;另一方面是拥有较高的品牌价值,即企业在客户、员工、政府、投资者等利益相关者中处于良好的被感知地位。同时,财务表现和品牌价值也会反作用于企业经营。例如,优秀的品牌价值能使企业获得更多的市场机会,增强企业抵御风险和危机的能力。

从经营发展维度看,企业可持续经营的重要推动力来自制度建设及持续革新。组织架构决定了企业内部的分工协作和管理效率。管理机制决定了在一定的组织环境下如何对有限资源进行高效配置。绩效文化则是企业在长期经营发展过程中形成的共同精神属性,能够推动企业发展并引导员工行为。企业提高产品质量、降低成本、提高效率、实施差异化经营等离不开技术创新,企业的可持续经营能力从本质上看就是企业的一种持续创新能力。

2.2 可持续经营的关键问题

运输服务是指城市轨道交通运营企业为乘客提供的以乘客位移为中心的服务,它是由运行服务、人员服务、票务服务、导乘服务、应急服务和其他附加服务等一系列或多或少具有无形性的活动所构成的。在新时代城市轨道交通发展中,运输服务是在乘客与服务人员、硬件、软件的信息互动过程中进行的,其实质是最大程度地满足乘客出行的需求并为其创造价值。

城市轨道交通运营企业作为经营主体,按照商业运作的方式,通过提供"运输服务产品"获得经济收益。近年来,受城市人口规模增长减缓以及疫情的影响,客流量增长遇到瓶颈,票务收入及政府补贴难以支撑可持续经营,城市轨道交通运营企业经营压力不断增加。同时,电力、维修、人力等成本也逐年上升,即使是不完全以盈利为目的的城市轨道交通运营企业,如果亏损严重而长期靠政府补贴,生存同样会受到威胁,更谈不上企业的良性发展。因此,城市轨道交通运营企业在保证其外在社会效益的同时,更应重视其内部自身的经济效益,寻求企业收入与成本之间的经营平衡,以保证运营企业的可持续经营。

2.2.1 经营发展形势

纵观国内各城市轨道交通运营企业的经营情况,普遍存在运营亏损现象,大部分运营企业需要政府持续进行财政补贴。据中国城市轨道交通协会统计,国内城市轨道交通运营企业的经营发展形势有以下几方面特征。

(1)收支矛盾日渐突出,企业经营要过"紧日子"

城市轨道交通运营收入成本比是指运营收入与运营成本的比值,是衡量城市轨道交通运营收入能否覆盖运营成本的主要指标。整体来看,城市轨道交通运营企业经营"入不敷出"的情况较为普遍。

据中国城市轨道交通协会不完全统计,2018—2021年我国(不含港澳台)城市轨道交通运营企业的平均运营收入成本比呈逐年波动下降趋势(图2-1)。受疫情影响,2020年大部分城市轨道交通运营企业客运票款收入降幅较大,运营企业的经营亏损增大。2021年,城市轨道交通平均客运强度为0.48万人次/(千米·日),与2019年相比减少0.3万人次/(千米·日),下降38%;与2019年相比,2021年开通运营线路长度增长36.7%,日均客运量仅增长1.1%。

014—2021年我国(不含港澳台)城市轨道交通平均运营收入成本比(不完全统计)

另外,城市轨道交通建成后资产规模庞大,资金需求会随着运营步入大修与更新改造期而日渐庞大。同时,随着线网规模的扩大,郊区线路陆续转入经营期会进一步增加运营企业的财务压力。

运营收入成本比一定程度上反映了城市轨道交通运营企业的整体经营形势。我国(不含港澳台)城市轨道交通平均运营收入成本比自2018年达到峰值以来,平均收入成本比整体呈现下降趋势,成本、收入的差距增大,导致城市轨道交通运营企业成本管控压力逐渐增大。2020年受疫情影响,平均收入成本比再次出现大幅下降。2021年平均运营收入成本比为68.7%,比2020年增长3.7%,体现了各企业挖掘成本动因、着力控本增效的决心和实际行动效果。

(2)票款收入难以覆盖运营成本,开源增收需求迫切

票款收入是城市轨道交通运营企业的主要收入构成,票制模式及票价水平的差异对票款收入具有深远影响。

从定价机制上看,城市轨道交通的定价主要有3种方式:第一种是由政府制定福利性票价,如国外地铁企业大都采用该定价方式。第二种是由运营企业以市场经济模式独立运作,根据成本情况自行制定经营性票价,如我国香港地铁。该方式可促进企业之间的良性竞争,市场能动性强。第三种是由政府主导,参照关系群众切身利益的公益性服务价格实行政府定价。这种方式统筹考虑各方承受能力,制定准公益性票价,有效保障社会公众利益,但也有可能导致票价缺乏适度变化,产生企业不可持续经营、政府财政补贴压力过大等问题。我国(不含港澳台)城市轨道交通作为准公益产品,既不能完全交给市场定价,也不能由政府免费提供,需统筹平衡社会可承受能力、行业发展和政府财力,制定合理价格,属于准公益性定价,定价程序大致如图2-2所示。

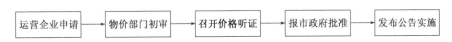

图2-2 我国(不含港澳台)城市轨道交通票价定价程序

从票制模式上看,目前城市轨道交通票制主要有单一票制、计程票制、分区票制、分时票制。目前我国城市轨道交通以按里程阶梯式分段的计程票制为主,个别城市采用按站点数划分区段的计程票价。

①单一票制

单一票制是指乘客单次出行只支付固定价格的票款,票价不随乘车距离不同而变化。单一票制的操作和管理简单,在较低的票价下能更好吸引客流,缓解城市拥堵。但其也有明显的局限性,如计费缺乏公平性、运营企业难以收支平衡、政府财政补贴压力大等。单一票制适用于无票务收益压力的城市,或者在线网发展初期过渡时使用。

②计程票制

计程票制是指票价随着乘车里程或区段的变化而变化。计程票制的费率一般还会遵循递远递减的原则,能够将成本、乘距与票价结合,有利于调节客流和发挥中长距离客运功能,但其也存在收费多变、操作复杂的缺点。计程票制适用于线网各个发展阶段,国内外大部分地铁都使用计程票制,如北京地铁、新加坡地铁等。

③分区票制

分区票制是将城市轨道交通线网分成若干区域,在同一区域内出行只需支付该区票价,如跨区出行则需额外支付费用。分区票制操作管理较简单,有利于城市公交一体化建设,但不同计费区的划分和计费标准较难确定,因此该票制适用于线网规模趋于稳定,且有明显的区域中心或功能分区的城市。

④分时票制

分时票制作为辅助票制,是在前三种票制基础上,将每天的运营时间划分为高峰期和非高峰期,设置不同弹性因子,制定高低峰票价。分时票制能够均衡客流,实现"削峰填谷",促进城市轨道交通客流合理分布,缓解高峰期运输压力。分时票制对于系统操作及票务管理要求较高,适用于线网发展到一定阶段,既面临客流调节需要,也具备相应实施能力的城市。

从票价水平上看,我国(不含港澳台)城市轨道交通票价出于公益性的考量,制定时充分征求公众需求及意见,保障市民的出行利益。同时,广泛制定了促进城市轨道交通发展的票价优惠政策。因此,居民城市轨道交通通勤支出占居民可支配收入比重普遍不高。但各城市的票价计价规则(表2-1)及优惠政策制定后,往往保持多年甚至数十年不变,随着社会经济及生产力的不断发展,企业经营压力与政府的补贴压力日益增长。近年来,如南京等城市已对票价计价规则实施调整。深圳市则于2020年出台了《深圳市城市轨道交通票价定价办法》,明确了票价的成本计入项、票价的计算方法、企业非票务净收入的归属、财政需进行专项补贴的票务损失内容以及票价动态调整的定价机制等5个方面,以求提高城市轨道交通票价定价的科学性、公正性及透明度。

部分城市的城市轨道交通票价计价规则　　　　表2-1

城市	城市轨道交通票价计价规则								
	起步价	里程价(每1元乘坐千米数)							
广州	2元/4千米	4	4	6	6	8	8	8	8
深圳	2元/4千米	4	4	6	6	8	8	8	8

续上表

城市	城市轨道交通票价计价规则									
	起步价	里程价(每1元乘坐千米数)								
上海	3元/6千米	10	10	10	10	10	10	10	10	10
北京	3元/6千米	6	10	10	20	20	20	20	20	20
成都	2元/4千米	4	4	6	6	8	8	10	20	
武汉	2元/4千米	4	4	6	6	8	8	10	20	
南京	2元/4千米	5	5	7	7	9	11	13	15	

根据中国城市轨道交通协会统计,北京、上海、广州、深圳等地的几家网络化运营规模较大的城市轨道交通运营企业,2019—2021年运营收入成本比总体呈下降趋势(图2-3)。基于城市轨道交通的准公益属性,政府对票价实行严格管制,部分规划引导型线路在运营初期客流较少,票务收入难以覆盖日益攀升的运营成本,难以弥补运营中收不抵支的差额,企业主要通过政府补贴或附属资源开发来平衡收支差异,各运营企业对拓宽增收渠道、增加非票收入的需求非常迫切。

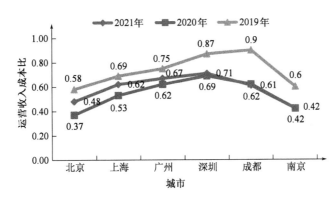

图2-3 2019—2021年部分城市的城市轨道交通运营收入成本比变化

(3)运营成本管控压力大,需积极挖潜控本

城市轨道交通运营成本主要包括日常运营成本、(资产)折旧费及摊销费用等(表2-2)。日常运营成本包括人工成本、能耗、维修费等,(资产)折旧费及摊销费用包括固定资产折旧及经营性资产摊销。其中,人工成本、能耗、维修费等支出约占总成本费用的90%。

城市轨道交通运营成本构成表   表2-2

明　　细		说　　明
日常运营成本	人工成本	根据人力资源和社会保障部发布的企业工资指导线及城市所在地政府、行业指导基础,结合企业实际,制定增幅及总额
	能耗	水电费等相关费用
	维修费	车辆、信号、机电等设施设备维修维护费用,专项、中、大修及更新改造等费用
	行政管理费	办公投入等
	其他运营费	车站保洁、客伤保险等费用
折旧费		对城市轨道交通运输相关资产,按照资产类别分别适用直线法折旧、工作量法折旧,残值率按5%计算
摊销费用		无形资产根据10年进行分摊,递延资产根据5年的情况进行分摊
税费		增值税、城市建设税、教育税等
财务费用		短期、长期贷款利息和应付债券利息等

从成本构成上看,城市轨道交通运营企业的主要成本呈以下特点:

人工成本在运营总成本中的比例大。这一比例从2019年的49%逐步增长到2021年的51.2%,合理的人员配置数量和灵活的用工模式选择成为运营企业控制人工成本的关键。运营企业需结合科技应用和生产运作优化情况,持续优化各专业人员配置标准,控制运营人工成本,盘活现有人力资源,提升人力效能。

能耗成本受政府相关政策影响较大。在碳达峰、碳中和的目标下,国务院印发《2030年前碳达峰行动方案》(国发〔2021〕23号),其中重点部署交通运输低碳绿色行动,提出更高的环保发展要求,使城市轨道交通运营企业不断加快新型节能、储能、蓄冷技术应用,加快低碳绿色转型。2021年,国家发展和改革委员会发布《关于进一步深化燃煤发电上网电价市场化改革的通知》(发改价格〔2021〕1439号),取消工商业目录销售电价,城市轨道交通运营能耗成本受电价市场化改革政策影响大幅增长。例如,按照广东省发展与改革委员会《关于进一步深化我省电价改革有关问题的通知》(粤发改价格〔2021〕402号)等相关文件,2022年起取消地铁优惠电价目录,执行以市场为主导的新电价政策,如进一步实行峰谷平电价政策。按目前线网用电量预测,广州地铁未来几年每年电费成本将增长4~5亿元。

中大修与更新改造等维修费用支出庞大。随着既有线路逐渐步入更新改造周期,设备状态不断老化、系统级更新改造需求递增。尤其是北京、上海、广州等开通运营线路比较早的城市,多条线路车辆、通信、信号等专业设备及基础设施陆续进入大修及更新改造周期,运营企业面临庞大的架大修及更新改造成本支出和资金需求。同时,随着郊区小客流线路陆续转入经营期,盈亏平衡进一步受到影响,运营企业的财务压力增加。

2.2.2 可持续经营的关键问题分析

基于上述对城市轨道交通运营企业经营发展形势的分析可知,持续做好控本增效和开源增收是各运营企业实现可持续经营亟须解决的问题,具体措施体现在成本管控、开源增收、经营机制三个方面。

(1) 成本管控

对于城市轨道交通运营企业而言,平衡好安全质量、乘客服务和经营效益之间的关系,是实现运营的高质量发展和可持续经营的关键。在保障运营安全和服务品质的前提下,要考虑建立运营企业控本增效的长效管理机制,实施各项资源的精准配置,有效提升管理运作效率,控制运营成本。成本管理重点解决以下问题:

一是人力资源的精准配置问题。城市轨道交通运营系统复杂而庞大,其中运营成本中人力资源成本占了相当大的比重。控制人力资源成本,就要在不影响服务质量的基础上,通过跨岗位延展业务、跨专业融合组织、跨组织协同资源等工作,结合线路特点和新技术应用推广,开展岗位优化,建立各专业人员精准配置标准,控制运营人工成本;根据配员优化情况,匹配新线路开通计划及工期策划,动态调整及进一步精简人员规划需求;结合人才市场供应情况、职业院校专业优势以及内部岗位培养特性,细化分解人员招聘计划,实现精准招聘。

二是维修成本的精益管控问题。城市轨道交通设备设施的维护、维修和保养是运输服务连续性和高效性的必要保证,运营企业每年都投入大量成本用于设备设施维保。围绕设备设施的可靠性需做好以下工作:一是要持续推动维修规程的优化,提升维修效率,从检修设备类别、关键性、可替代性、检修价值等多个维度对各专业实施评估,建立差异化维修策略;二是要对维修资源的投入进行精益管控,建立资源高效配置的管理机制,落实日常维保、中大修和更新改造项目的精准资源配置;三是要科技创新驱动控本,充分借助新技术、新设备应用,加快推进智能运维建设,通过技术手段实现机检替代部分人工巡检,以及对设备状态数据的动态监测,推动精准维修,逐步优化维修模式,控制运维成本。

三是能耗成本的精细管理问题。电能消耗包括车站通风空调动力消耗和照明消耗、列车牵引消耗等,其在运营总成本中占较大比重。在为乘客提供安全、舒适、便利的乘车服务的同时,运营企业可从两个方面对能耗成本进行精细管控:一方面可通过生产组织优化、设备改造、模式创新等系列措施,降低运营生产各项能耗成本,例如匹配客流规律实施精准运力投放、降低牵引能耗,实施节能灯具改造降低照明能耗,提高车站空调能效降低动力能耗等。另一方面,要积极探索储能、氢能、光伏技术等能源管理及利用的先进技术,创新节能新举措,推动节能减排不断取得实效。

(2) 开源增收

近年来,国内经济面临下行压力,加之受疫情影响,地方政府财政持续承压,城市轨道交通运营企业高度依赖资源注入和资金到位的经营模式日益不可持续。目前,各运营企业的收入来源主要是票务收入,在总运营收入中占较大比重。非票务收入来源主要有两类:一类是政府的各类专项补贴和优惠政策,如票务补贴、税收优惠政策等;另一类是运营企业通过附属资源经营、对外拓展咨询和维保服务或受托开展新线筹备、运营服务等开源增收。其中,国内大部分城市轨道交通运营企业负责协同资源经营企业开展附属资源经营,不直接参与附属资源业务的经营。

城市轨道交通运营企业的开源增收主要可通过三个方面来实现:一是要积极争取有利的政策支持,如票价补贴和票价动态调整机制、更新改造专项资金支持、电价优惠和税收支持政策等;二是通过形式多样的品牌营销活动提升运营企业的品牌价值,通过不断提升乘客出行体验,吸引更多的乘客搭乘城市轨道交通出行,进而稳固和增加票务收入;三是须拓宽非票务收入来源,整合和发挥运营业务的优势,形成业务拓展的产品体系,将运营企业自身品牌优势和资源转化为增值收入。

(3) 经营机制

为适应城市轨道交通经营发展的新形势和新挑战,城市轨道交通运营企业要建立完善的经营管理机制,着力解决控本增效和开源增收的意识、动力、协同、评价与激励等问题,以达到企业可持续经营的目标。主要包括以下几方面:

一是建立适配线网规模发展的组织架构,搭建多维平衡的绩效考核体系,形成运营与经营并重的绩效文化等。例如,在对各级生产组织的年度绩效考核中,将成本管控和增收方面与绩效考核挂钩,引导各级员工重视运营安全生产的同时,也要重视企业的可持续经营。

二是要建立有效的薪酬分配激励体系,加强薪酬与效益联动牵引,强化业绩导向,积极探索绩效薪酬差异化分配新思路,实现精准配资和精准激励。

三是要建立委外维修标准值体系,围绕精细化、差异化管理理念,构建可量化的配员工时及工器具、材料消耗标准,提升委外维修项目管理效能。

四是要优化外拓管理机制,促进运营资源的整合和盘活利用,深挖外拓项目增收潜力。

2.3 小　　结

城市轨道交通运营企业可持续经营的根本目标,是持续为乘客提供便捷、准点、环保的出行服务,并且能为利益相关者创造价值,最终实现企业与社会、组织与个人的共融共生。从经营可持续角度出发,在保障运营安全与服务质量前提下,对内要加强和深化成本管理,持续推动技术创新与制度变革,挖掘潜力,提质增效;对外要延展产业价值,拓展相关业务,形成新的利润增长点,弥补运营亏损,分散经营风险,通过控本增效和开源增收两方面双管齐下,实现城市轨道交通运营企业由"运营好"向"运营好+经营好"转变。

本章从两个维度阐述了可持续经营的概念和内涵,并结合城市轨道交通运营企业的经营发展形势,分析城市轨道交通运营企业可持续经营亟须解决的关键问题,进而明确本书讨论的范围和主要内容。

第3章
广州地铁可持续经营发展概述

从单线运营到网络化运营的发展过程中,城市轨道交通运营企业面临复杂多变的内外部经营环境,需要在做好运营安全生产和乘客服务的同时,紧跟内外部经营形势的变化,明确经营发展的方向和目标,继续探索可持续经营之道。本章结合广州地铁运营发展历程,对网络化运营不同发展阶段的特点进行总结,分析广州地铁运营关键指标的发展变化,阐述广州地铁探索"运营好"向"运营好+经营好"转变的目标与实施路径,为后续章节内容的展开奠定基础。

3.1 运营发展历程

1997年6月28日,广州地铁1号线西塱至黄沙段开通试运营;1999年6月28日,1号线全线建成开通试运营。经历二十多年的发展,截至2021年底,广州地铁线网规模从1号线首通段5.4千米发展到15条线589.4千米,实现了从线到网、从区域到区区通地铁的发展历程;日均客运量从1号线刚开通时不足10万人次增长至最高906万人次,2019年12月31日线网日客运量创历史最高纪录,达1156.9万人次;地铁客运量占城市公共交通客运量的比例超过60%,搭乘地铁出行成为市民公共交通出行的首选。

根据国际地铁协会(CoMET)公布数据(2021年),在45家全球大型地铁企业中,广州地铁多项主要运营指标继续保持行业领先,其中运能利用率排名前二,10年平均伤亡率最低、车站犯罪事件发生率最低,列车正点率排名第一,运营服务可靠度行业领先。从单线运营到多线成网运营,线网不同发展阶段的运营管理理念、企业发展战略和线网运营规模决定了运营组织架构设计方向、思路和形态。从广州地铁运营发展历程看,主要经历了以专业化为主的运营阶段(1997—2013年)和以区域化为主的运营阶段(2014年至今),具体如下。

3.1.1 以专业化为主的运营阶段

截至2013年底广州地铁共开通8条线(段)、236.6千米,分别为1、2、3、4、5、8号线及旅客自动输送(APM)线、广佛线,线网运营实现了从单线运营向网络化运营的转变(图3-1)。在以专业化为主的运营阶段,广州地铁运营线路里程与管辖车站数量快速增加,人员的技术及管理经验快速积累提升,运营管理的重点是安全生产运作与人员能力培养。

自1号线开通起,广州地铁的运营组织架构采用专业化、直线式的模式。起初,广州地铁在运营事业总部下成立了车务部、车辆部、维修工程部等。随着运营线路从1条增加到4条,为了匹配线网发展与管理幅度的有效分摊,广州地铁进行了组织架构横向扩充,业务部门分化为车务一部、车务二部、车辆部、维修一部(通号、工建)和维修二部(供电、机电)。

2008年,运营事业总部下属设立车务中心、维修中心、车辆中心、通号中心共4个专业生产管理中心,并根据广州地铁的业务整体规划变革,进行了相关业务架构调整。

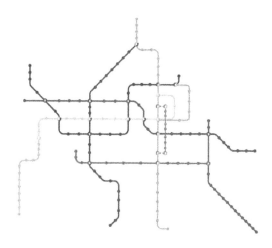

图 3-1 2013 年广州地铁线网简图

2010 年运营事业总部下设 6 个专业中心,开展运营相关业务(图 3-2)。

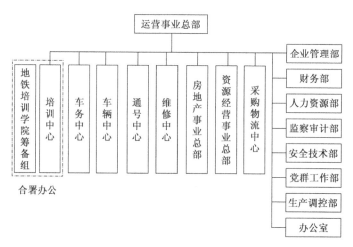

图 3-2 2010 年广州地铁运营事业总部组织架构

在该架构模式下,各专业中心的职责进一步细化,决策集中度较高,响应速度快,能够快速集中优势资源,重点培养核心专业能力,扎实推进基础管理体系建设。其中,车务中心负责向乘客提供安全优质的乘车、客运和票务服务。车辆中心负责车辆专业设备的维修、维护和管理,并负责新线车辆采购,完善车辆技术和用户需求,做好车辆质量的监造。通号中心负责通信、信号、自动售检票(AFC)系统专业设备的维修、维护和管理,并负责所辖三个系统设备的新线接管与筹备工作。维修中心负责其他专业设备设施的维修、维护和管理。采购物流中心负责物资计划、采购及物流管理,为专业中心提供服务支持。培训中心作为培训管理职能归口,负责培训计划管理、课程开发管理、培训实施、资格认证、行政管理等职能。

3.1.2 以区域化为主的运营阶段

随着线网快速发展,专业化、直线式管理模式逐渐难以适应发展需要。一是随着线路延伸,区域管理范围越来越大,专业管理体量增加,各专业之间的分工协作难度增大、效率降低;二是前台服务交付责任的主体不明,呈现出责权不对等问题,各专业部门只负责本专业表现,业务协调与决策成本提升,亟需结合线网发展,对管控模式进行优化调整。

以区域化为主的运营阶段前期,广州地铁为适应未来大规模线网同步建设、筹备与运营的管理要求,借鉴国内外城市轨道交通运营企业的经验做法,以"顾客导向、服务社会、资源共享、协同发展、精简高效、权责对等、统筹兼顾、适度竞争"为指导原则,对运营事业总部进行组织架构调整,使其从专业化、直线式的架构形式向区域化、前后台架构模式转变。运营事业总部共下设九大业务中心(分别是线网管控中心、运营一至四中心、基地维修中心、新线建设与筹备中心、采购物流中心、资源经营中心)及九大职能部(室)(分别是办公室、人力资源部、总部工会、党群工作部、总工程师室、纪检监察室、财务部、企业管理部、安全质量部),见图3-3。

以区域化为主的运营管理体系有利于支持前台做好面向乘客的服务交付责任承担,同时最大化线网维修资源和能力的高效共享;多专业中大修维修资源的集中管理,能更好地实现规模化效益及自有维修能力提升,为新开通线路储备多样化的技术梯队。整体上看,此次线网运作管理模式的变化主要有以下五个方面:

一是构建区域责任主体,推动服务交付责任下沉。根据各线路技术特点、运营年限、线路区域、互联互通等因素进行线路群归类与划分,建立完整的区域服务交付责任主体——运营中心。由各运营中心承担所辖线路的客运服务和前台设备保障责任,既负责站务、乘务、票务、区域调度等车务运作,也负责所辖线路各专业设备的日常检修、维修保养及故障处理。这种模式有利于前台聚焦高水平服务提供,更快响应乘客需求,且组织管理模式具有较大灵活性,能够适应各区域不同运作特点,也有利于形成区域间的良性竞争发展。

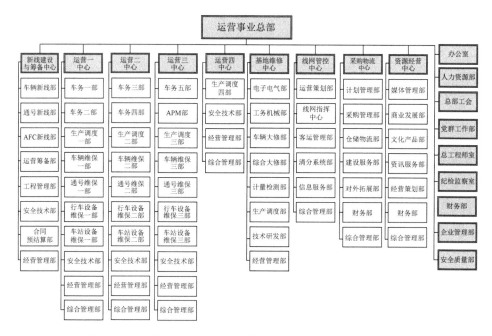

图 3-3　以区域化为主的运营阶段前期广州地铁运营事业总部组织架构

二是构建前后台维修体系，培育维修核心技术能力。在区域化运营管理模式下，由于部分线路逐步进入老化阶段，面临设备大修需要，线网运营必须考虑相关技术能力储备，尤其是精细化维修核心技术。为提升专业设备大中修及零部件精细维修能力，形成维修资源的集约优势，广州地铁构建前后台维修体系，把原有专业化的设备维修模式分离成前台负责维护及小修、后台负责中修及以上的深度维修。成立基地维修中心，作为专业技术服务后台，对负责区域运营服务的前台运营中心提供有力的维修保障。同时，后台也为各专业设备维护提供检测、计量等共享服务。

三是采用"集中指挥＋区域调度"的模式，强化线网与区域调度的联动。线网管控中心（COCC）主要对整体线路管控、协调资源配置发挥作用，并对各区域运营中心进行分级管理。各运营中心下设区域控制中心（OCC），负责所辖线路的运营监控和指挥，对行车、电力、环控、维修、服务组织和信息收集等各环节进行集中调度指挥。这种模式保证了一旦运营一线发生状况，能最快反馈至最高决策部门，同时最高决策部门的指令也能最快传达到运营一线，实现运营指挥的准确性、连贯性、高效性。

四是优化新线建设与筹备,有效应对新线筹备压力。广州地铁将原本分散在各专业中心的车辆、通号、自动售检票(AFC)系统等新线建设及零星工程项目管理资源集中,成立了新线建设与筹备中心,不仅负责对应专业的新线建设任务,还负责统筹运营筹备和运营单位的零星工程任务,有效统一了新线建设和筹备开通两大目标,形成一个完整责任主体,为新线交付运营提供了更好的前提条件。

五是促进业务协同发展,发挥协同与经营效益。这一阶段,广州地铁把与运营密切相关的商业资源经营以及物资经营业务,纳入运营的整体管理范畴,成立资源经营中心、采购物流中心,形成了"运输服务+资源经营+物资经营"三驾马车的业务组合,为三大业务之间的联动创造条件,实现资源共享。

在"前后台+区域化"模式下发展的近十年来,广州地铁线网规模的快速增长,已进入超500千米的大线网运营阶段(图3-4)。在业务体量及模式快速发展的同时,广州地铁持续对内部业务运作进行审视与反思,结合运营发展实际需要对部分业务及组织架构进行优化调整(图3-5),为超大线网发展提供了组织保障。例如,将车站设备维保部与车务部整合,成立车站服务部,以更好地做好面向乘客的服务工作。

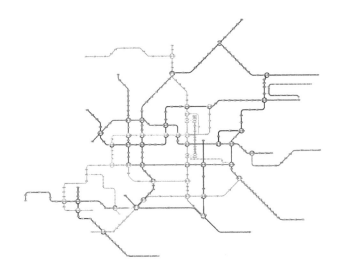

图3-4 广州地铁2022年线网简图

目前,广州地铁已进入新的全面快速发展阶段,面临着如何保持行稳致远及可持续发展的挑战,在保障线网运营安全前提下,实现质量、服务、成本和效益的均衡发展,全力推动"运营好"向"运营好+经营好"转变,从而实现运营高质量发展,成为广州地铁运营发展的主要目标。

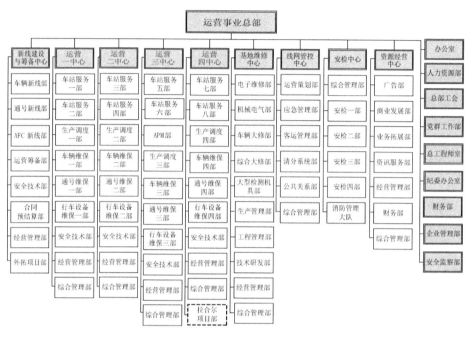

图 3-5　2022 年广州地铁运营事业总部组织架构

3.2　经营发展状况

广州地铁借鉴国际地铁协会及中国城市轨道交通协会管理指标体系,构建内部经营管理指标体系。主要指标包括线网基础运行指标、经营指标和内部效率指标。近年来受疫情、经济增速放缓等外部环境压力影响,城市轨道交通运营企业面临巨大挑战。通过分析经营现状指标,可以清晰地看到可持续经营需重点关注成本、收入、内部效率等指标的内部成因,分析业务运作及组织管理形式的现状与不足,为企业继续探索可持续经营之道提供事实依据。

3.2.1　基础运行指标

广州地铁历经近 30 年发展历程,1997—2021 年,城市轨道交通线网由

5.4千米扩大至589.4千米,日均客运量由不足10万人次增长至最高906万人次。

(1) 线网客流

随着线网规模的不断扩大,线网客流保持快速增长。2019年广州地铁线网日均客运量达906万人次,受疫情影响,2020年线网日均客运量下降至659万人次,2021年日均客运量回升至776万人次(图3-6)。

图3-6 2012—2021年广州地铁线网规模及日均客运量变化趋势

结合线网客流需求变化,广州地铁持续通过运作优化,逐步延长线网运营服务时间,目前线网运营服务时间约为16~17.5小时,节假日或重大活动期间延长运营服务1~1.5小时,并与交通枢纽站做好衔接与服务配合。

(2) 服务可靠度

广州地铁借鉴行业对列车延误的容忍度标准,建立了基于可靠性的设备设施全寿命周期健康管理体系,并通过不断精益的管理举措,实现了线网列车服务可靠度的逐年提升。服务可靠度作为衡量运营服务整体水平的综合性指标之一,行业内普遍从事故发生频率的角度衡量,而不考虑事故延误的时长(一般延误超过5分钟的事件即涵盖在内)。2012—2021年,广州地铁线网平均每发生一件次5分钟及以上晚点对应的万车公里数由117万车公里提升至1284万车公里(图3-7)。除此之外,运营服务可靠度的衡量还应考虑延误总时长及受影响的乘客人数等。

3.2.2 经营效益指标

从城市经济发展和市民生活水平提升的角度,城市轨道交通肩负城市经济走廊和生活服务脉络的任务,其运营服务发展与城市经济和市民生活息息相关,城轨运营企业的可持续经营是发展城市公共基础设施的重要支撑。

城市轨道交通可持续经营
——广州地铁运营发展探索和实践

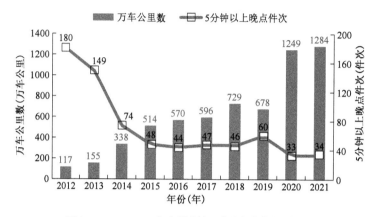

图 3-7　2012—2021 年广州地铁运营晚点事件发生情况

(1)运营成本

广州地铁坚持把社会效益放在首位,同时重点考核运营成本控制成效和管理效率,自 2010 年开始引入作业成本管理工具,将成本与背后动因联系起来,使企业管理目标有效分解细化至基层业务单元,为企业成本管理、预算编制、平衡记分卡及财务报表提供基础作业数据支撑,提升了企业成本管理水平。

由于城市轨道交通运营企业体量规模差异较大,因此行业内以单位运营成本进行对标。企业内部同质化业务部门也通过单位成本进行对标分析,促进相互之间的良性竞争。常用的成本指标有车公里成本、人公里成本、单位(乘客)人次成本等。成本可细分为单位维修成本、单位管理成本及单位投资成本等。其中,较受关注的是单位人工成本、单位维修成本和单位能耗成本。

由近年来整体运营成本情况可知,各项成本整体呈现上涨趋势,但各类成本相对比例基本稳定。2021 年,广州地铁车公里运营成本约为 17.61 元/车公里(图 3-8),较 2016—2020 年平均水平有所下降,属于全国中上游水平,低于全国平均水平(23.6 元/车公里)。车公里运营成本与运行里程、车型制式及基础设施年限等因素有关,行业内差异较大。相对于同行水平,广州地铁车公里运营成本低于北京地铁和上海地铁平均车公里运营成本(合并统计北京市三家城市轨道交通运营企业的车公里运营成本是 21.85 元/车公里,下文关于北京地铁统计均为合并统计口径;上海地铁则为 19.19 元/车公里),但高于深圳地铁 16.61 元/车公里。由行业统计可知,杭州、成都、武汉等其他城市地铁单位车公里运营成本运营一般低于 15 元/车公里。

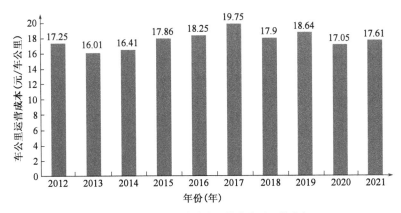

图 3-8 2012—2021 年广州地铁车公里运营成本

2021 年广州地铁人公里运营成本为 0.35 元/人公里(图 3-9),低于行业平均水平 1.17 元/人公里,低于北京地铁 0.54 元/人公里、上海地铁 0.42 元/人公里、深圳地铁 0.39 元/人公里。单位人公里运营成本与乘客出行需求紧密相关。由图 3-9 可知,自 2012 年至 2016 年随着线网规模增长,客运量同步增加,单位乘客运营成本持续下降。自 2017 年后广州地铁陆续开通了部分郊区引导型线路,初期客流尚处于培育阶段,单位乘客运营成本有所回升。2020 年及 2021 年受疫情影响,线网整体客流下降明显,人公里运营成本相应增长。

图 3-9 2012—2021 年广州地铁人公里运营成本

(2)运营收入

衡量地铁运营业务的收入指标主要有单位人次票款收入和单位人公里票款收入(不含附属资源经营收入)。其中,单位人次票款收入代表每运送单位乘客人次的平均票款收入,但并未考虑乘客搭乘距离的影响。如将运距也纳入运营成本的驱动因素考虑,则通过单位人公里收入代表每运送单位乘客里程的总收入。由于票价政策相对稳定,单位运营收入受乘客出行习惯、支付习惯等因素影响较大。

2021年,广州地铁单位人次运营(票款)收入为3.38元/人次(图3-10),在国内处于中游水平;单位人公里运营(票款)收入为0.23元/人公里(图3-11),低于2021年国内平均水平(0.66元/人公里)。

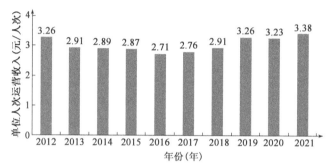

图3-10　2012—2021年广州地铁单位人次运营收入

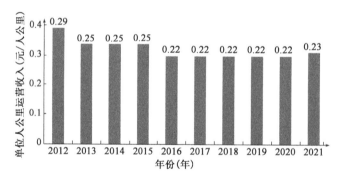

图3-11　2012—2021年广州地铁单位人公里运营收入

(3)收入成本比

近年来,随着多条郊区引导型线路开通以及部分线路设备老化导致维修成本投入上升,广州地铁运营收入成本比呈下降趋势。2021年,地铁运营(票款)收入成本比方面,广州地铁约为0.67(图3-12),对比北京地铁的0.48及上海地铁的0.62表现较优,但较深圳地铁的0.71、杭州地铁的0.68仍有可提升空间。

3.2.3　运作效率指标

运作效率指标主要分为生产效率类、能耗类两类指标。

第3章 广州地铁可持续经营发展概述

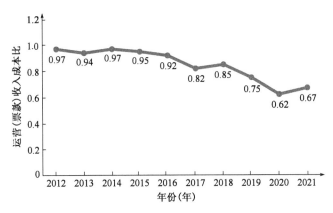

图3-12 广州地铁运营(票款)收入成本比

(1)生产效率类

生产效率类指标是指通过各类岗位的劳动生产率来衡量整体运作效率的指标。广州地铁通过开展差异化配员、构建内部人才市场及生产组织运作优化,有效提升了人力资源开发利用效能,员工生产率在国内各城市轨道交通企业中长期排名靠前。

每公里配员是衡量生产运作效率的关键指标。在人力资源规划目标牵引下,广州地铁单位公里配员从2014年56人/公里逐渐下降至40人/公里以下(图3-13),人员素养与人才梯队更加完善。面对城市轨道交通新一轮的高速建设与创新发展给人员管理带来的机遇与挑战,广州地铁围绕"差异配置资源、科技提升效益、变革释放活力"的思路,持续推动配员优化,系统策划推动做好人才布局,支撑运营实现高质量及可持续发展。

图3-13 2012—2021年广州地铁单位公里配员水平

员工生产率是以员工单位时长的生产输出衡量人力资源配置效率的指标。以司机生产率为例,通过每位客车司机日均开行的车公里反映劳动效率。近几年广州地铁司机生产率持续保持国内排名前列,并有提升趋势,反映了司机岗位的精益化管理卓有成效。同时,广州地铁通过排班优化及提升工时利用率,精准测算岗位人员实际需求,以促进岗位运作优化和提升人员利用效能为目标,对各专业岗位人员配置进行系统评估与整体优化调整,实现了对岗位配置及生产运作组织的高效管理。

(2)能耗类

能耗类指标主要衡量地铁运营整体及平均能效水平。节能降耗一直是城市轨道交通运营企业可持续经营面临的重要问题。2021年,城市轨道交通平均每车公里总电能耗3.73千瓦时,同比下降17.5%;平均每车公里牵引能耗1.9千瓦时,与2020年持平,较2019年同口径下降3.6%。行业整体能耗水平呈稳中有降的趋势,体现出行业坚持绿色低碳可持续发展、全面挖掘节能降耗潜力的决心与努力。

广州地铁近年来全面构建节能运行模式和生产方式,严控节能指标,全面提升运营能效水平。2019—2021年广州地铁运营年度总牵引能耗整体维持在10亿千瓦时上下,牵引、照明、办公能耗呈逐年波动下降趋势。其中,线网能耗中占比最大的是列车牵引能耗,占比超50%;其次是车站动力、照明能耗,合计约占40%。

一般来说,反映城市轨道交通能耗水平的指标主要包括车公里牵引能耗、人公里牵引能耗、站均动力照明能耗。从车公里牵引能耗指标看,广州地铁近年来呈现逐渐下降趋势,2021年每车公里牵引能耗为2.26千瓦时/车公里(图3-14)。从人公里牵引能耗指标看,广州地铁近年来该指标较为稳定,2021年单位人公里牵引能耗为0.045千瓦时/人公里。从图3-15看,2020年以来受疫情影响,人公里牵引能耗指标波动较大,原因是线网乘客需求波动较大。广州地铁根据客流情况动态调整线路运输计划,精准配置运力进而促进线网总能耗下降,但总能耗下降幅度没有客流下降幅度大。因此,为控制牵引能耗水平,对于列车牵引能耗,对各线路、车型间对标分析实现科学评判,通过优化运输行车组织、研究列车牵引节能曲线,合理设定列车运行时间,达到节能目的。

从站均动力照明能耗指标看,近年来广州地铁站均动力照明能耗呈现下降趋势,2021年单位平均动力照明能耗为6261千瓦时/(站·日)(图3-16),线网各条线路的站均动力照明能耗均较上年呈现不同程度的下降。针对线网各车站能耗,广州地铁全面推行"节能一站一方案",细化能耗异常情况分析,将动力照明能耗异常情况细化到站级监控和分析,加强节能目标跟踪监控力度,减少运营生产过程中的能源浪费。

第3章 广州地铁可持续经营发展概述

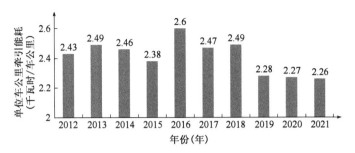

图 3-14　2012—2021 年广州地铁单位车公里牵引能耗(千瓦时/车公里)情况

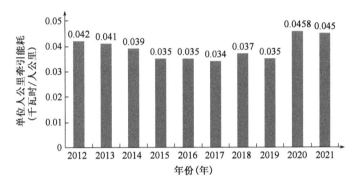

图 3-15　2012—2021 年广州地铁单位人公里牵引能耗(千瓦时/人公里)情况

图 3-16　2012—2021 年广州地铁站均动力照明能耗[千瓦时/(站·日)]情况

3.3　可持续经营目标与路径

3.3.1　实施目标

面向"十四五",广州地铁运营发展的核心要从适应线网规模的扩张,转向满足高质量运营与可持续经营,着力解决外部行业竞争、内部效率与效益等问题,适应业务规模增长、业态多元发展、人员能力提升等方面的要求。广州地铁运营发展的定位,要从"运营好"向"运营好+经营好"转变,实现在保障安全运营的前提下,对服务质量与经营效益进行再平衡,解决线网运营收入与支出差距持续扩大的问题,实现线网运营的可持续经营。

3.3.2 实施路径

可持续经营聚焦"控本增效、开源增收"两条关键路径。对内增强统筹决策能力,控制运营成本,提升经营业绩,降低经营风险;对外面向运营服务市场,提供高品质的对外服务,促进多元经营和稳定增收。主要包括以下几方面。

一是持续优化人力资源配置,合理控制人工成本。通过维保作业大数据分析,匹配作业优化和规程优化,构建人员精准配置模型,提升人力效能,实现精准配人。结合配员优化情况,动态调整自有和委外的维修用工模式;匹配新线开通计划和人员配置情况,细化分解招聘计划,实施精准招聘。

二是科技赋能智慧运维,驱动运营控本增效。前台运维方面,开展新技术应用推广,实现从"人检"向"机检","计划修"向"精准预防修、状态修"转变,有力支撑维修规程、巡检周期、生产运作的进一步优化,提升生产运作效率,实现控本增效。后台维修方面,提升维修工厂自动化、智慧化水平,实现维修共享服务的高质量、低成本。创新节能降耗举措,推广应用节能产品与技术,通过生产组织优化、设备改造、模式创新等系列措施,降低运营生产各项能耗成本。

三是积极开拓外部服务市场,增加非票业务收入。在拉合尔橙线、南昌地铁3号线、长沙轨道交通6号线等项目运营服务的基础上,继续深耕地铁运营的对外服务,提供新线机电建设、运输服务、设备中大修及附属资源经营等全链条服务产品。发挥运营业务全链条优势,整合专业资源,有效打通市场需求与运营外拓服务的产品通道,积极开展运营外拓业务,包括打造外拓业务产品体系、建立项目核算及激励全生命周期管理机制、形成高效的附属资源协同经营能力等。

四是持续完善经营管理机制,提升经营能力。通过建立全方位的经营效益"考核评价+薪酬分配激励"体系,以"全成本"管控为导向,多维度分解下达成本管控目标,压实业务部门主体经营责任和职能部门归口管控责任。强化考核结果与薪酬分配关联,推行二级单位任期制与契约化管理,加大管理人员薪酬差距。建立健全项目分级审查机制,进一步完善项目必要性和经济性论证,强化资源有效性审查。推动生产中心在"服务交付责任主体"的基础上,成长为"资产经营责任主体",逐步提升经营单元成本管控、资源调配能力,激发原动力,释放经营活力。

3.4 小　　结

总体而言,广州地铁运营业务未来几年收支缺口将逐步扩大,经营形势更为严峻复杂,需着力通过控本增效和开源增收,为实现运营业务的可持续经营提供有效支撑。本章对广州地铁运营发展历程进行了回顾,结合运营关键指标的表现情况和当前的经营形势,对广州地铁运营从"运营好"向"运营好 + 经营好"转变的目标与实施路径进行了阐述,为后续章节内容展开奠定了基础。

第4章
高效人力资源配置

人力资源是城市轨道交通运营企业的第一资源。人工成本是企业中最大的一项成本支出,一般占总成本的50%~60%,因此,人工成本控制是企业成本管理和稳健发展的重要内容之一。面对大线网运营和可持续经营的双重压力,广州地铁近年来主要通过实施差异化精准配员、精细化人员配置等管理举措,持续提升人员效能,将人工成本控制在合理范围内。

4.1 概　　况

人力资源管理是企业基于政府法律、法规、政策、公司战略,运用现代管理方法,对企业人力资源的选人、育人、用人和留人等方面所进行的计划、组织、指挥、协调、控制等一系列活动,最终达到激发和调动员工积极性、创造性,实现企业战略的管理活动总和。人力资源管理体系应当重视与企业战略及企业文化的融合,并根据企业不同发展阶段需要,制定相应的标准和要求,支持企业战略目标实现。

目前,城市轨道交通行业已进入高质量发展阶段,智慧化、数字化已成为运营企业新的战略增长点,迫切需要企业从传统的运作方式向数字化生产转型,加快智慧服务、智慧运维等新技术应用,通过科技手段促进人员劳动生产效率提升,有效控制企业用工成本。同时随着线网里程的持续增长,越来越多运营企业面临大线网运营在人才储备及成本控制上的双重压力,企业需要充分挖掘人力资源潜能,推动人才资源布局更加科学合理。

广州地铁人力资源管理秉持"让管理创造效益,用人才驱动发展"的理念,不断探索创新,在人力资源精准配置方面积累了较丰富的实践经验。匹配城市轨道交通发展的新形势、新目标及企业战略发展要求,围绕"变革释放活力""科技提升效益""精准资源配置"的工作思路,积极推动新技术新规程、运作模式及流程优化等在人力资源配置中的应用,以实施差异化精准定员及优化激励分配机制为着力点,持续推动人才精准高效配置,不断激发人才队伍活力,为超大线网运营和企业可持续经营打下了坚实基础。

4.2 差异化配员标准

科学合理的定岗定编是人力资源精准高效配置的基础。广州地铁重视人力资源配置的精准性,通过不断探索,形成了适用于城市轨道交通行业的配员需求核定及差异化配员模型建设的方法,并综合考虑不同专业不同线路运作特点,构建了系列差异化配员模型。

4.2.1 配员需求核定

(1)配员总量需求核定思路

配员总量需求核定需从公司战略和业务发展实际需要出发,结合现有人员管理状况,考虑未来业务、组织及人员发展需求,同时关注工资总额对于配员总量核定的约束,确保配员系统性、前瞻性及成本可控。遵循科学合理及持续优化原则,以岗位工作分析为手段,以劳动工作量核定为依据,采用科学方法评估测算各类业务人员需求;匹配智能运维建设、检修规程优化、业务技能与岗位融合、排班与值守优化等成果应用带来的人员效能提升,动态评估与完善岗位配员标准,精简和优化人力资源配置总量(图4-1)。

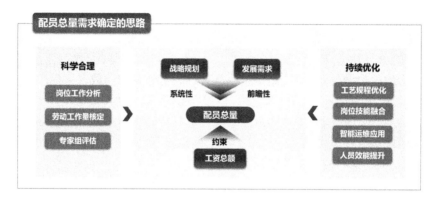

图4-1 配员总量需求确定思路

(2)核定配员需求方法

根据岗位性质的差异、作业模式的不同,可以运用不同的方法进行人员需求的预测。常用的人员需求预测方法大致可分为以下几种:

①按劳动效率定员的方法

该方法指根据生产任务的整体工作量和员工的劳动效率等因素来测定人员需求的方法,主要适用于工作量可进行量化计算的岗位,其数据分析测算工作量较大,常用于生产岗位的人员需求测算。

②按设备定员的方法

该方法指根据设备数量、设备状态确定劳动定额,再根据劳动定额按作业人员的生产效率及出勤率确定配员人数的方法,常用于维修类岗位的人员需求测算。

③按岗位定员的方法

该方法指根据岗位数量及岗位工作量计算岗位人员需求的方法。对于企业部分岗位,用人需求与生产作业量并非成线性相关关系,该类岗位测定人员需求依据为岗位必需的作业时间总量,常用于站务类、调度类岗位及值守人员的需求测算。

④按比例定员的方法

该方法指根据历史数据或经验推算人员规模总数与某类岗位人员总数的比例,并据此推算该类岗位所需人数的方法,常用于辅助支持类岗位。

⑤按组织结构、职责范围和业务分工定员

该方法指在明确岗位职责及业务分工的基础上,根据岗位所辖职责范围确定岗位人员需求的方法。该方法常用于管理人员及文员等岗位的需求核定。

在进行人员需求测算时,常用的测算方法包括:企业经验预测法、岗位分析法、回归分析法、专家调查法(德尔菲法)等。在实际操作应用中一般需要综合运用多种方法,使人员需求预测更为精确并贴合实际。

(3)配员需求核定案例:维修专业配员需求总量测算

通过生产系统导出年度周期内生产作业工时数据(系统工时),同步利用各渠道收集一线值守工时数据及不纳入生产系统的其他作业工时数据(一般取补充作业工时数据),保证工时数据覆盖该专业所有生产作业内容。匹配效益导向及管理需要,根据该专业生产运作特点及生产管理要求,制定工时核定规则,分类核定工时数据,并构建专业配员总量需求核定模型,科学评估并测算维修专业配员需求总量(图4-2)。

图4-2 维修专业配员需求总量测算方法

在全年2000个小时的标准工时基础上,综合考虑维修人员的出勤率、培训、会议等因素,采用1888小时/年作为人均年均可提供作业工时标准。分类核定工时数据时,需要剔除三类工时数据中的重叠作业、临时性作业及非直接作业工时数据,如值守人员夜间参与检修的作业工时、工班日常培训工时等,同时需结合检修作业工作效率折算有效工时利用率,保证工时数据的可靠性及完整性。

4.2.2 差异化配员模型构建

经科学评估核定各专业配员需求总量后,综合考虑不同线路客流强度、行车间隔、设备数量、设备运行年限、设备可靠度等差异,结合各专业运作特点设置配员关键变量,并根据关键变量工作量数据分析结果设置对应的配员系数,分专业构建细化至线路的差异化配员模型维修类专业差异化配员模型构建思路(图4-3)。

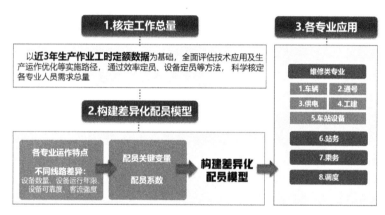

图4-3　维修类专业差异化配员模型构建思路

各类岗位、各专业的差异化配置大致可分为管理、专业技术、维修、站务、乘务、调度共6类岗位。

(1)管理类岗位

管理类岗位一般依据组织架构、管理者所处组织层级与性质、管理职责分工及管理范围等因素进行基础配置,同时结合所辖单位人员规模大小进行差异化配置(图4-4)。

图4-4　管理类岗位配置模型思路

①生产部门

生产部门主要指负责生产一线的车站服务、车辆维保、通信维保、信号维保、行车设备维保及生产调度等部门。部门层级管理岗位一般配置4~5人,部门正职直接按架构配置,包括行政正职等;副职按管辖人员规模、业务范围及分工等要素差异化配置2~3人,其中确保配置一个专职技术管理岗位。分部(车间)层级管理岗位一般配置2~3人,分部(车间)正职直接按架构配置,副职按分部人员规模进行差异化配置1~2人。

②职能部门

职能部门主要指提供后台技术支持及职能服务的部门,如安全技术、综合管理、经营管理等部门。该类部门层级管理岗位一般配置2人,部门正、副职各1人。

(2)专业技术类岗位

专业技术类岗位主要指运用专业知识和相关技术,为企业运作提供专业服务、技术支持,以支撑组织生产经营目标实现的相关岗位。专业技术类岗位结合业务内部运作需求,通过甄选影响岗位工作强度的关键业务变量,结合关键变量进行差异化人员配置。根据各专业差异化配置模型展现方式的不同,配置方法可分为以下三类:

①在人员基础配置上设置增配条件进行差异配置

以线路专业为例,按照分部(门)基础运作需求确定单线技术人员的基础配置,然后根据技术人员工作量及工作强度的相关性,确定以关键变量——正线公里数为增配条件。当关键变量数值达到一定标准以上时(如正线公里数达到线网平均值以上时),予以增配技术人员(图4-5)。

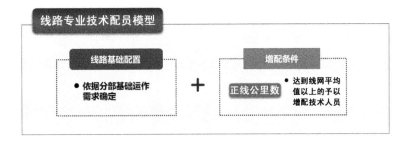

图4-5　专业技术类岗位差异化配员模型构建示例——线路专业

②在人员基础配置上根据关键变量分档次进行差异配置

以车站设备专业为例,首先按照分部基础运作需求确定单线技术人员所需的基础配置。鉴于技术人员工作量及工作强度与线路设备年限、正线公里数及车站数密切相关,选取上述三项作为该专业的关键变量,设置评分规则对关键变量进行评分,依据评分结果对车站设备技术人员进行分档增配(图4-6)。

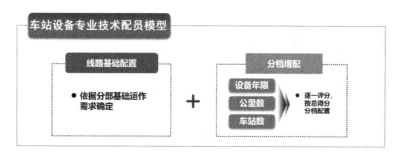

图4-6 专业技术类岗位差异化配员模型构建示例——车站设备专业

③结合关键变量构建评分模型进行差异化配置

以站务专业为例,根据客运量(含进出站客流、换乘客流等)、行车组织需求(含折返站、联锁站、出入停车场行车组织等)、客运服务组织(含客运安全风险评估、交通枢纽站数量、出入口数量等)等维度对车站(自然站)进行评分,以此确定中心站管理难度,同时,依据所辖车站个数确定中心站管理幅度,以管理难度及管理幅度为主要考虑因素,构建中心站差异化配置模型,对中心站技术人员进行岗位层级及人员数量上的差异化配置(图4-7)。

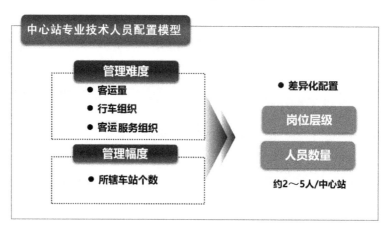

图4-7 专业技术类岗位差异化配员模型构建示例——站务专业(中心站专业技术人员)

(3)维修技能岗位

维修技能岗位可细分为车辆、通信、信号、供电、工建、车站设备等不同专业,根据各专业的运作及检修特性的差异,各专业的差异化配置模型展现形式各不相

同,大致可分为以下三类:

①赋予配员变量权重系数,差异化确定各线人员配置数量

结合专业检修特性、检修所涉及设备数量和设备重要程度,对作业内容进行统计分类,确定检修配员关键变量(一般不超过5个)。通过生产作业工时数据分析各配员关键变量对人员需求测算的影响权重,确定各关键变量的配员系数,以此构建差异化配员模型。

以通信专业为例,首先,经专家经验确定通信检修专业的配员关键变量为列车数、正线公里数及站点数,其中站点数包括正线车站数及根据设备情况进行折算的场段数量和控制中心数量。其次,结合日常检修生产管理经验及生产作业工时的统计分析结果,确定相应配员关键变量所消耗的工时比重。再者,依据通信专业的配员需求总量及各配员关键变量总量,测算确定各配员关键变量的配置系数。最后,完成通信检修人员差异化配置模型构建和人员配置数量测算(图4-8)。

图4-8 维修技能岗位差异化配员模型构建示例——通信专业

②根据线路分档,差异化确定各线人员配置数量

以车辆专业为例,车辆检修人员的工作量主要与检修车"车卡数"呈正相关关系。因此,选定"车卡数"作为车辆检修人员配员的关键变量,同时依据线路行车间隔及客运强度将各线路分为三档,并结合各线路的供车率及故障率细分各线路档次的配员系数。结合已核定的车辆专业配员总量,由此计算得出各线路的人车比,差异化确定各线路车辆检修人员配置数量(图4-9)。

③根据值守点数量及各值守点人数要求,分类确定值守人员配置数量

以信号专业为例,根据各线路设备特点、设备可靠性、故障率及各值守点的重要程度,审慎评估优化信号专业正线值守点数量及值守人数要求。值守点可分为折返站值守、联锁站值守、高峰期值守、控制中心值守及车辆段/停车场值守五类,据此差异化设置值守时长及值守人员数量。其中,折返站值守配员根据行车间隔及变更进路差异化配置值守人员数量;高峰期值守根据折返间隔及繁忙

线路差异化设置值守点数量;车辆段及停车场值守根据所在场段的出车列数进行差异化配置值守人员数量(图4-10)。

图4-9 维修技能岗位差异化配员模型构建示例——车辆专业

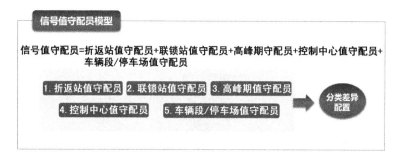

图4-10 维修技能岗位差异化配员模型构建示例——信号专业

(4)站务专业岗位

自2016年起,广州地铁以多元支付和智慧服务应用推广为契机,匹配不同线路、车站运作特点,开展一系列站务专业岗位业务流程及运作模式优化,逐步搭建起涵盖站务专业各岗位的配员模型。结合多元支付和智慧服务建设、设备布局优化、客流动线优化、票务运作流程优化等成果应用,同时匹配工作强度、工作压力、管理幅度等因素,对站务员及值班员等岗位进行差异化配置。

①站务员

站务员作业强度与车站客运量成正相关,具体可细化为与乘客事务处理量、乘客咨询及引导难度、站台客运组织难度等成正相关。以各车站的客运量为关键变量,将车站划分为五档,分别为:超小客流、小客流、中客流、大客流及超大客流车站(图4-11)。

在保障折返站、联锁/设备站行车安全及大客流车站客运组织需求的基础上,综合考虑进行站务员差异化配员。

在车站划分基础上,综合考虑折返站、联锁/设备站等不同行车特点车站的行车安全需求,根据不同档次车站的客运组织运作差异,细化岗位配置颗粒度,具体按站厅、站台及高峰期岗位设置核定人员需求,以此构建站务员基础配员模型。以超小客流车站为例,站厅巡视岗与票亭岗整合为站厅综合业务岗,站台岗视运作需要可差异化覆盖运营时间,再根据车站不同特性(非连通站厅、口岸站、常态化客控站等)进行人员数量的额外增配(图4-12)。

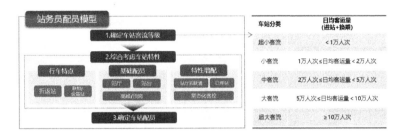

图4-11 站务员差异化配员模型构建思路

车站分类	日均客运量(进站+换乘)	车站行车特点	基础配员			高峰/顶岗	车站特性增配		
			站厅岗		站台岗		非连通站厅	口岸站	常态化客控
			巡视岗	票厅岗					
超小客流	<1万人次	折返站(含全天大小交路折返)	整合为站厅综合业务岗,由客运值班员担任,不配置站务员		考虑清客需求,安排2个站务员,其中1人盖大部分运营时间(7:00-22:30),另1人视情况安排过夜(扣夜间休息5小时)	/	非连通站厅兼顾票亭及巡视,大部分运营时间(7:00-22:30)增配1个站厅综合业务岗	/	周一至五高峰期间(早/晚高峰各按2.5小时计算)增配2个站务岗位
		联锁/设备站	全天配置1个站厅综合业务岗(扣减夜间休息5小时)		大部分运营时间(7:00-22:30)配置1个站台综合业务岗	/		/	
		其他车站	大部分运营时间(7:00-22:30)配置1个站厅站台综合业务岗;其他时段业务由值班站长兼任			/		9:00-19:30期间增加1个站厅引导岗	

图4-12 站务员差异化配员模型构建示例——超小客流车站

在配员模型应用初期,由于小客流及以下车站不设顶岗班,整体站务员配置标准较低(当班1~2人),为保障及时处理乘客事务需求,广州地铁进一步加快推广包括智能客服中心、乘客自助求助系统、正线防翻越报警装置等智能化设备,在降低站务员工作强度的同时保障乘客服务质效,取得了良好效果。

②值班员

值班员根据岗位工作内容及职责的差异可细分为行车值班员及客运值班员。出于行车安全的考虑,行车值班员需保证全天24小时在岗。值班员的差异化配置主要从客运值班员着手开展。

多元支付和自助客服等新技术的普及推广带动了车站的票务及客运服务流

程优化,为客运值班员的差异化配置提供了前提条件。从客运值班员岗位职责及任务量进行分析,得到影响客运值班员配置的主要因素包括票务业务量、行车安全组织需求及协助客运组织需求。其中,行车安全组织需求主要体现在折返站需客运值班员协助进行应急响应,客运组织需求主要体现在大客流换乘车站等客运组织特殊车站的客运组织维护。因此,除折返站及客运组织特殊车站保留全天配置客运值班员外,其余车站均取消按站设置的客运值班员岗位,调整为依据票务业务量大小进行分档,差异化核定各线路人员需求(图4-13)。

图4-13 客运值班员差异化配员模型构建示例

差异化配置后,客运值班员站均配员精简至0.9人/站(理论值),同时,持续加大行车值班员(简称行值)与客运值班员(简称客值)岗位融合力度,开展行值与客值的混合排班,在丰富员工工作内容的同时,满足车站排班运作需求。此外,围绕车站运作痛点、难点,进一步加快建设车票智能化系统,推进票务台账的优化整合,开展点钞室非当面交接工作,优化车站盘点周期等车站现场运作减负增效项目,通过技术创新、运作优化等方式,提升车站生产运作效率,适配客运值班员配员模式优化。

(5)乘务专业岗位

乘务配员模型以工时数据及年度运输计划等数据为基础,对交路司机月度驾驶时长标准、非交路司机配置标准等进行系统评估,结合线路客流强度、行车间隔等因素差异,进行差异化配置。司机配置包括交路司机和非交路司机配置(图4-14)。司机作业强度系数主要考虑最小行车间隔、客流强度、行车交路复杂度三个因素(图4-15),根据不同线路特点设置不同档位差异系数。

非交路司机配员主要考虑车辆段的调车业务、正线的当值业务、日常的培训业务等因素进行适度配置,人员数量可根据实际业务和排班要求核定。

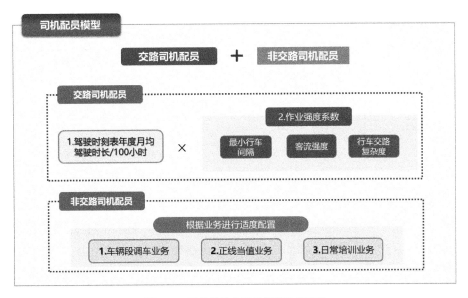

图 4-14　司机差异化配员模型构建示例

评分因素	评分方法（根据各线路具体变量因素按照1～5分进行评分）
最小行车间隔（秒）	行车间隔越短，得分越高
客流强度［万人/（千米·日）］	客流强度越强，得分越高
行车交路复杂度	交路越复杂，执行复杂交路时间段占比越大，得分越高
作业强度=（最小行车间隔得分+客流强度得分+行车交路复杂度得分）/3	

图 4-15　司机作业强度系数评分因素及评分方法示例

(6)调度专业岗位

调度专业岗位主要包括行车调度员、设备调度员(电力调度员及环控调度员)、值班主任及综合调度员等,下面以行车调度员及综合调度员为例,对调度类岗位差异化配员模型进行说明。

①行车调度员

盘点梳理影响行车调度工作强度的 8 个因素,通过内部专家评分并运用层级分析法进行分析,确定影响行车调度业务量差异的五大关键指标为行车密度、上线列数、线路长度、运营交路及日均客运量,并据此构建分级评分体系,划分各线路等级,按线路分级差异化配置行车调度人员(图 4-16)。

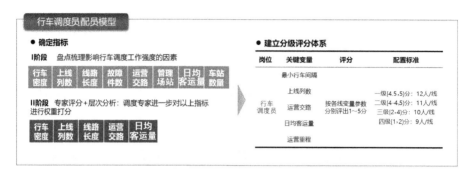

图 4-16　调度差异化配员模型构建示例——行车调度员

②综合调度员

综合调度员主要负责信息发布及报告,审核及签发施工计划,故障通报、协调及监督,监控及收集所管辖线路的客流变化和相关信息等工作。在原综合调度员与值班主任助理融合运作的基础上,进一步优化内部运作,单线控制中心通过取消日班加强岗,按照"五班三运转",每班单岗运作;区域控制中心改变排班方式,由24小时双岗运作调整为"单岗24小时+运营时段1个加强岗"的运作模式,使配置标准得到进一步优化(图4-17)。

图 4-17　调度员差异化配员模型构建示例——综合调度员

4.3　精细化人员配置

近年来,广州地铁围绕着控本增效的战略目标以及配员模式优化运作需要,深入现场调研,充分掌握一线生产运作中耗人、耗力、低效的环节,以技术革新为动力源,通过推进实施岗位业务融合、排班管理优化、值守优化、配合作业运作优化等项目,优化了内部生产作业流程,提升了员工劳动生产效率,同时以智能设备替代低值重复性的人工操作,降低生产现场工作强度,有效推动人力资源综合利用,为实现人力资源的精准配置奠定了基础。

4.3.1 岗位业务融合

广州地铁在线网发展过程中,存在部分岗位因业务切分过细导致阶段性的忙闲差异,岗位整体劳动生产率偏低,造成人力资源浪费。同时由于岗位技能单一,员工职业发展受到限制。广州地铁近年积极推动岗位业务融合及岗位技能综合化工作,对于部分工作时间相似、作业空间相近、岗位技能相通的岗位,通过优化生产运作模式,研究跨岗位融合,提高劳动生产效率,满足员工对技能多元化的需求,拓宽岗位职业发展通道(图 4-18)。如近年开展了"车站岗位融合与运作提效""工程车检修与驾驶业务一体化运作优化""调度体系运作管理优化"等优化项目。

图 4-18 岗位业务整合考虑因素示例

(1)车站岗位融合与运作提效

车站岗位融合与运作提效的主要对象包括面向乘客服务的站务人员及负责票务服务的客运值班员、负责配合行车调度组织的行车值班员。通过智能客服、多元支付的推广应用,以及客运组织技术与模式革新,带动车站原有票务及服务流程优化,有效减少相关岗位工作强度,促进岗位或专业间融合(如将站厅巡视岗和票亭岗整合为站厅综合业务岗,实现车站整体配员由 24 人/站降至 20 人/站),推动人员配置精简与运作增效,主要举措包括以下四个方面:

①升级智慧服务

随着城市轨道交通线网快速发展带来的客流规模效应,以及新时代乘客服务需求层次及多样性的不断提升,以现场人员服务为主体的传统服务模式已逐渐难以有效应对复杂多变的情况。现如今,智能终端设备的广泛普及和"互联网+"通信技术的不断更迭,乘客服务的载体和形式可以不再受时间、空间的限制,全方位、多元化的线上、线下服务渠道可融入乘客的生活中,打破城市轨道交通服务的传统场景壁垒。

广州地铁通过以车站自助服务终端及乘客移动智能终端为载体,以智能客服系统为核心,打造线上、线下全方位的智能客服体系,包含全时虚拟客服、全时服务平台、精准服务响应、全时质量监控。一方面,打破了车站时间、空间上的服务限制,有效覆盖乘客出行全时空链条,满足乘客不同场景下的服务需求;另一方面,建立了地铁自助服务体系,逐步培育了乘客自助服务意识,减轻现场服务压力,降低车站人工成本。

全时虚拟客服:广州地铁以人工智能(AI)技术为核心,搭建全时虚拟客服系统,赋予"拟人化"、辨识度高的虚拟客服形象,应用在自助客服中心等车站服务终端以及广州地铁官方手机软件(APP)应用(图4-19)中,通过后台海量的服务信息数据沉淀学习,以智能客服的形式,随时随地满足乘客不同场景下的咨询服务,有效减少了车站现场简单、重复性的服务咨询。

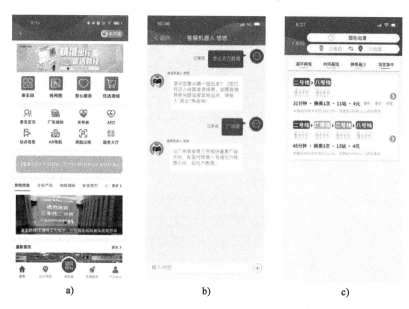

图4-19 广州地铁官方APP界面

全时服务平台:5G移动网络及手机智能终端的全面普及,让地铁与乘客之间的"连接"不再受限于车站实体空间的限制。广州地铁通过微信公众号微博、官方APP等内容载体的广泛应用,将智能手机打造为地铁服务的前沿阵地。广州地铁官方APP于2013年开始为市民提供移动出行服务,多年来积极响应乘客诉求,挖掘乘客出行需求,在线网站点信息查询、二维码支付乘车的基础功能之上,陆续推出了智慧客服、出行导航、精准出行、电子准妈咪徽章、失物招领、电子发票等多项服务功能,响应乘客多维服务需求,显著降低车站一线员工的服务咨询量。广州地铁同时积极推广应用智能客服中心(图4-20),该设备不仅能够提供地铁咨询服务,还可提供地铁综合场景内的各种业务办理,包括票卡查询、票务异常处理、电子发票开具等。2022年,本着经济效益与社会效益同步评估的原则,广州地铁开展现场调研300余站次,逐站了解车站结构、布局、行车、排班运作等各项情况,结合车站票务业务量、客流量等因素,选定了有人力优化空间及能减轻车站工作量的50个车站,开展既有线智能客服中心改造,年内即实现了口岸站、枢纽站、形象站智能客服中心的全覆盖。可使通过该设备轻松、便捷、自助获得各类业务场景的服务,显著提升现场服务质效,同时降低了车站工作人员工作强度。

a)   b)

图4-20 智能客服中心及功能界面

精准服务响应:广州地铁基于全时服务平台,通过线上、线下智能终端服务,建立"后台人工客服应答+车站现场人员值守"的乘客服务快速响应。乘客可通过车站智能终端设备的人工呼叫等功能,"一键式"快速通知客服人员或车站值守人员,客服人员或车站值守人员可根据乘客具体的求助内容,快速响应乘客需求或安排人员到达现场乘客所在位置。该服务模式可推动车站逐步转向"无人化"值守,在提升场景服务效率的同时优化站务人员配置。

全时质量监控:广州地铁通过大数据分析技术,持续动态监控线上、线下各渠道服务质量,同时获取乘客意见建议,及时掌握乘客服务需求变化,为进一步开展精准智能服务提供决策支撑。

②推广多元支付

2015年12月,广州地铁在全国首创并实现二维码购票功能。2016—2018年,广州地铁走上了多元支付的"快车道",围绕"购票""过闸""更新"三大模块

(图4-21),实现了金融集成电路(IC)卡、地铁云卡、官方 APP 地铁乘车码、微信小程序地铁乘车码等业务。乘客使用多元支付模式购票、过闸等,显著减少等候时间。

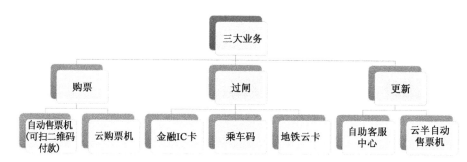

图 4-21 广州地铁多元支付应用范畴

多元支付技术的不断迭代升级和成熟投用,在为乘客提供高品质出行体验的同时,同步降低了票务服务的运作强度和管理难度,如现金和单程票使用量的下降,直接减少了站务人员补票、补币、现金票款核定的工作量,为票务运作优化打开了空间。以广州地铁为例,截至 2021 年底,票务现金使用量占票务收入比重由 29% 下降至 0.5%,非现金业务比重由 9.7% 上升至 25.9%。自 2017 年起,广州地铁陆续实现票务系统报表全自动核对、现金送款单自动核对、短款自动下发、结算单自动修正等功能,其中现金送款单自动核功能上线后,实现系统自动与银行数据对接进行电子对账,整体业务效率得到大幅度提升。

2016 年至今,匹配多元支付应用推广,广州地铁在全线网逐步推行一系列票务运作优化,包括设立票务联合工作组、整合票务台账、实施点钞室非当面交接、优化车站盘点周期等,有效减少客运值班员、收益核对员等岗位的配员需求。以精简客运值班员岗位为例,除折返站及部分大客流换乘车站全天保留客运值班员岗外,其余车站均取消各站独立客运值班员配置,按业务量大小进行差异化合并配置。开展优化前线网客运值班员平均配置水平为 4 人/站,优化后为 0.88 人/站。同时,广州地铁配套修订岗位任职资格,将信号系统操作证、车站消防设备操作证等资格证纳入站务员晋升值班员的必要持证条件,促进行车值班员与客运值班员融合,满足员工发展需要及车站运作需求。

③创新客运组织模式

客运组织是车站运作中的重要一环,传统客运组织模式中包含大量重复人工作业,如铁马、栏杆的搬运,告示、导向吊牌的设置,闸机开关数量及方向的调整,现场关键点位人员的引导等,都占用了大量的人力成本。随着新时代网络技术的持续迭代，尤其是物联网、第5代移动通信(5G)网络技术带来的物理场景应用拓展，为客运模式变革提供了可能。为此，广州地铁研发引入自适应客运组织模式(包含客控策略智能适配、模块化客流控制)，有效提升车站客运组织效率，减少高峰期客流控制的人员需求。

客控策略智能适配：基于车站客流实时监测及预警技术，控制中心能够精准掌握车站不同区域乘客滞留情况，实时监督密度系数并推演变化，当线网检测数据达到预设的警戒阈值时，相关设备可自动触发相应级别预警，作为车站启动站控、线控及网控的决策依据，形成匹配现场规律、科学精细、灵活自纠的客运管控体系，实时匹配现场客流控制需要。目前广州地铁基于客控策略智能适配已成功研发线网客运联控系统(图4-22)，并在4、5号线换乘站车陂南站试点上线，利用该系统持续为乘客提供客流密度监控，并实时反馈车站调整客控策略。

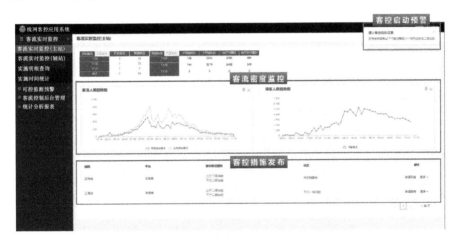

图4-22　广州地铁车陂南站线网客运联控系统试点应用界面

模块化客流控制：通过客控设备物联化、5G移动网络技术应用赋能，将原有独立操作的客运设备系统与客流监控系统形成模块化集成，实现客控策略与客运设施的系统联动。针对不同的客流控制模式，可快速联动闸机、电子导向客运设施，调整客流流线，并通过车站广播、乘客信息系统、手机应用程序等渠道集成发布客运引导信息，实现模式化的客运集成联控，快速匹配客流控制场景，降低一线车站员工客控工作量，提高车站客运组织效率。经统计，试点车站可有效节省运作时间约20min、客流控制期间可减少配置人员2~3人。未来结合列车全自动化运行及行车计划的动态适配功能，可实现客运组织与行车组织的自适应联控，进一步精准客运组织与行车组织的资源配置，提高运输服务的整体效能，减少高峰客流控制,降低车站客控成本。

④推广新技术应用

广州地铁围绕车站运作痛难点自主创新,以技术创新、生产工器具优化等方式,提升现场运作的自助化、智能化,减少人员工作强度,推动站务运作控本增效。

出入口加装监控系统,提高巡视时效性。出入口巡视一直是站务日常作业当中的一项"头疼"问题,部分车站站内面积广、出入口众多,巡视效率较低,在防洪防汛时更是难以及时掌握现场水位等情况,存在安全风险。为此,广州地铁在车站高程最低的出入口、新线接口等防洪重点区域加装摄像头,车站人员可利用手机第一时间掌握水位及施工作业情况,提高防洪巡视的时效性;同时,结合车站大客流组织、安防管理等长期性需求,在车站重点出入口增加视频监控并纳入既有通信系统。

研发车站智能备品签借系统。车站运作中涉及的备品物资种类繁多,委外人员、项目工班及站务人员需要经常到车站控制室签借钥匙、门禁卡、对讲机等各类物资,用于日常巡视、施工。在以往的车站运作模式中,站务人员主要通过人工台账记录的方式,对备品借用人员信息进行登记,现场人工登记、确认效率低,且难以跟进物资借还情况,导致车站物资备品管理难度较大。为此,广州地铁研发了智能签借系统,对车站钥匙、门禁卡、对讲机等备品生成电子标签,通过智能签借系统实现电子签借,实现智能化、无纸化管理,大大提升现场工作效率。

优化站务备品及工器具。工欲善其事,必先利其器。无论是客运组织,或是行车组织,备品及工器具的优劣情况都极大影响着作业的效率及成本。广州地铁围绕现场运作痛点,着力优化站务运作的各类工器具,为现场员工减负,为岗位精简赋能,包括引入移动折叠铁马,该铁马可快速折叠移动,克服传统铁马搬运耗时耗力的缺点,且折叠靠墙堆放时占地较小,整齐美观,在需大面积摆放铁马阵的常态化客流管控车站应用,可有效减轻站务人员工作量,减少铁马布置人员;采购加长伸缩带,应用于客控闸机拦截、固定栏杆缺口、结构柱隔断等多种场景,配套挂壁式卡扣,使用完毕后能够灵活拆卸,质量小、体积小,方便车站搬运、储存,降低员工现场组织压力,提高客流控制效率,柔化客控刚性;研发轻便红闪灯,其轻便小巧,可放入站务行车应急包中,在应急情况下,既减轻员工负重,又可避免遗忘风险(图4-23)。

(2)工程车检修与驾驶业务一体化运作优化

2016年,为提高工程车业务劳动生产效率,解决员工岗位技能单一、职业发展受限等问题,广州地铁启动了工程车检修与驾驶业务一体化运作优化项目。

优化前工程车业务整体工时利用率处于较低水平,且驾驶作业与检修作业时间上存在一定整合空间,两者作业地点相同或相近,具备岗位整合的必要性和可行性。如图4-24所示,工程车检修员与工程车司机在白班时段作业空间与时间存在重叠,作业技能要求存在共通性,而作业饱和度则存在较大差异,存在较大整合优化空间。同理,夜班作业时间、空间及技能要求也一定程度存在相同问题。

a)移动折叠铁马   b)轻便红闪灯

图4-23　移动折叠铁马及轻便红闪灯

图4-24　工程车运作优化分析

广州地铁首先明确了工程车运作优化的总体思路:推动工程车检修岗位人员增学驾驶技能,通过初级工程车驾驶考核并获得工程车驾驶上岗证后,调整聘用至新的车辆驾修一体岗位,工程车司机原则上转岗至电客车司机方向发展(图4-25)。同时,广州地铁确保参与业务优化的员工薪酬待遇保持稳定,并对相关岗位设置、技能要求、任职资格等一并进行统筹优化。

由于2016年底广州地铁线网体量已超过300千米,整体模式调整难度较大,且工程车业务专业要求高、安全风险大,同时涉及员工切身利益,因此广州地铁审慎提出"先试点、后推广"的分阶段实施思路,分别与各级管理人员和普通员工进行了充分沟通并取得共识,再逐级确认整体目标、各级组织目标及员工个人目标,最终将组织与员工的根本诉求有机统一。

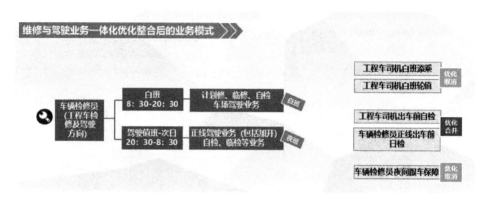

图4-25 工程车运作优化后业务模式

在项目推进方式上,首先制定工程车驾修一体化工作方案,为工程车检修岗位员工学习驾驶技能提供系统培训,使其掌握岗位融合后的技能要求,并选择部分线路优先进行试点,同时做好宣贯引导。在经历1年左右的运作过渡后,在确保生产安全的基础上,全面推广工程车驾修一体化运作模式,在人员有序到位的过程中,逐步提高整体劳动生产效率。

经过两年左右的试点及推广,实现了工程车业务在作业流程、人员配置及员工发展方面的全面优化。一方面,对检修与发车整备作业内容进行调优,避免维修专业下线普查与司机专业出车前检查的作业重复,同时优化了原工程车计划修作业流程、值守制度及驾驶模式,有效改善了司机工时效率低的困境。另一方面,通过全面培训,确保转岗员工获得检修与驾驶两项技能证书,使员工技术水平得到提升与补强,同时强化了正线工程车故障的应急保障能力,既满足线网生产运作需要,也拓展了员工职业发展通道。该项目也具有较高的经济效益,人员配置随业务优化得到精简,融合后的岗位编制数量较原水平下降约20%,节省人工成本近千万。

(3)调度体系运作管理优化

广州地铁控制中心调度体系内原设有行车调度员、电力调度员及环控调度员。其中,电力调度员主要负责组织停送电及供电类检修作业的实施安排,工作量主要集中在夜间,在白天工作安排相对较少;而环控调度员主要负责抄录报表及监控设备报警等固定作业内容,同时处理高峰时段故障,夜间工作相对较少。电力调度员及环控调度员的工作量在一天内不同时段存在高峰低谷波动,阶段性的工作忙闲差异为岗位融合提供了互补协作空间。广州地铁自2019年起以公园前站控制中心为试点,推行电力调度员与环控调度员岗位融合为设备调度员的优化工作,通过电力调度员(简称电调)、环控调度员(简称环调)相互跨岗培训学习,考核通过后颁发设备调度员(简称设备调度)资格证予以聘任,并同步推进设备调度台硬件设施建设,实现电力调度员白班时段由3岗调整为2岗、环控调度员夜班时段由3岗调整为2岗的新运作模式(图4-26)。在试点单位生产运作稳定的基础上,于2020年下半年起在全线网范围内应用推广,整体推动调度体系运作效率提升,拓宽了调度人员的能力及职业发展通道,更好应对超大线网业务发展。

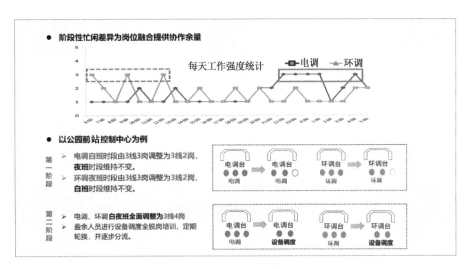

图4-26 调度专业业务融合示例

4.3.2 排班管理优化

针对部分维修岗位正线夜间检修有效工时利用率较低等问题,广州地铁组织开展排班优化工作,主要包括班制时长优化及夜间检修作业出退勤时间优化两项,以提高作业有效工时利用率。

(1) 优化正线检修班制

在确保安全生产前提下优化班次时间,运营时间内无检修任务安排的检修班次原则上均调整为"不超过 8 小时"。主要通过以下措施进行优化调整:

通过调整夜间检修班作业内容,将非必要夜间作业内容调整至日班开展,或将部分工作内容整合至值班岗位。

灵活安排交接班,作业结束后分批次下班,同时优化交接班方式及时长,调整出勤、退勤时间。

匹配作业高峰低谷设置不同出勤时间,用"长班 + 短班"或错峰设置短班的形式开展作业。

接触网专业优化正线检修方法如图 4-27 所示。

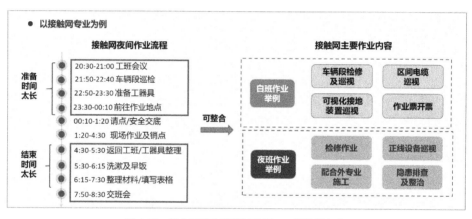

图 4-27　优化正线检修班制示例——接触网专业

(2) 优化夜间检修班次出退勤管理

对夜间检修班次出退勤时间进行优化调整的措施如图 4-28 所示。

图 4-28　优化出退勤管理示例

通过优化作业报到地点、安排少量人员提前准备工器具至现场等方式,延后出勤时间,减少夜间检修班次的等待时间,提高效率。

在非作业时段设置夜班间歇时间,满足员工休整需求。

通过安排值班人员负责检修作业后的表格填写(或指定专人负责)、采用手机远程信息化填写等方式,简化退勤流程,使员工尽早下班休息,减少员工夜间检修作业后持续疲劳工作。

4.3.3 值守优化

维修专业的值守工时占比较高,约占总工时40%,且存在不同专业在同一区域同时安排人员进行重叠性值班保障及巡视的情况,有效产出较低。广州地铁针对重叠值守、部分岗位值守工时较高等问题开展了值守优化工作。

一是通过技术改造将现场值守调整为后台综合监控。如供电专业通过改造主供电所消防监控系统,整合主供电所消防控制室和车辆段控制中心(DCC)相关工作;车辆专业推广洗车机无人值守系统,洗车作业的现场监控职责由DCC承担。

二是根据不同线路及设备情况差异化设置值守点位及人数。如车辆专业由原来24小时双人值守的方式调整为城区车辆段由值守改为电话值班,郊区线路视情况安排人员值守。

三是值守人员参与检修以提升生产效率。如供电专业调整扩大正线变电站固定值守点的管理范围,将设备巡检、配合其他专业施工及应急保障等工作重新整合,推动值守与巡检融合排班,实现值守人员参与检修作业。

四是值守模式优化。如工建专业在部分站点安排委外人员参与值守;通信专业、信号专业的通信班组、信号班组通过员工技能综合化,开展不同工班区域协作值守(图4-29)。

图4-29 值守优化示例——通信专业与信号专业

4.3.4 配合作业运作优化

各维修专业均存在大量配合或辅助其他专业的作业内容,但作业有效工时

利用率较低。针对此问题,广州地铁通过梳理各专业业务运作模式,对相关配合作业方式进行优化。例如:

接触网专业原先需根据其他专业施工需要配合进行停电及挂地线,每年投入人员工时约1万小时/线。随着可视化接地设备的投用,采用由设备调度员远程操作完成接挂、拆地线的优化方法,显著提高了生产效率。

信号专业将涉及在线监测设备的配合作业优化为有限时间现场配合或远程设备监控。

通信专业将不涉及登高及动火作业的配合作业调整为由OCC值班人员以视频方式进行远程监管,将站厅、站台线缆敷设施工调整为由车站人员配合施工。

4.3.5 班组运作优化

班组作为组织中最多也是最小的运作单元,其人员配置的合理性,直接关系到整体生产运作效率,因此,各专业在配员精简过程中,也同步在班组运作上进行优化。例如:

车辆检修专业通过投用360°图像外观故障检测系统等智能运维技术,进一步优化了列车维修周期,推动"四日检"优化为"八日检+系统修"。同时匹配维修模式及配员优化,改变"定修班+轮值班"的传统班组架构运作模式,试点推行"八班倒"班组运作新模式,打破定修班与轮值班界限,减少员工夜班次数,使各班组有效工时更加均衡,同时也拓展了员工技能,有效提升班组运作效率。

车站设备专业结合维修模式调整采取正线大工班运作,班组设置由原先每个中心站(管辖约5个自然站)配置1个工班,调整为5~7个自然站配置1个工班,同时综合考虑设备故障响应要求以及线路距离、设备数量及客流强度等因素,差异化设置工班配员。

4.4 小　　结

通过技术创新和管理创新,广州地铁不断向高效人力资源管理目标迈进。在线网高速发展和员工规模增长的趋势下,广州地铁人力资源管理也将承载新的时代使命,持续推动运作模式优化及管理革新,创新人员配置模式,加速智慧化、数字化、综合化人才队伍培育,不断优化人才激励机制,系统提升人力资源数据化决策能力,打造敏捷、开放的人力资源管理体系,让员工充满动力,组织富有活力,为新时代地铁高质量发展赋能。

第5章
精益维修管理实践

城市轨道交通设备设施的维护、维修和保养是运输服务连续性和高效性的必要保证,运营企业每年都投入大量成本用于设备设施维保。在保障设备设施运行质量的前提下,广州地铁为降低运维成本,主要从构建差异化维修策略、动态调整维修模式和加大技术创新应用三方面开展精益维修管理实践。通过持续推动维修规程的优化和实施差异化维修策略,提升维修资源投入的精准性;通过部分专业设备设施委外维修,降低委外用工成本和维修成本;通过加快推进智能运维建设,以技术手段实现机检替代部分人工巡检,以科技创新推动精准维修,逐步优化维修模式,不断提升精益维修管理水平。

第5章 精益维修管理实践

5.1 概　　况

广州地铁在设备维护维修管理方面，始终以保障设备安全可靠运行、维修资源精准投放为目标，完善管理体系，维修模式从借鉴到深化再到创新，维修技术标准从无到有、从有到精，维修能力日益精深升级。

在设备设施的精益维修管理方面，广州地铁主要从以下几个方面持续进行探索和实践：一是持续优化检修规程、检修工艺、技术标准和维修策略，在保障系统整体运行质量的基础上，优化巡视、维修等工作内容与周期，形成差异化维修体系，提高维修精准性，降低维修成本；二是建立基于可靠性理论的设备设施全寿命周期的健康管理体系，逐步实现关键设备设施的智能诊断与主动运维，从"计划修"向"状态修"过渡，实现维修资源最优化利用，促进检修质量提升及降本增效；三是加快科技创新应用，重点利用多层域感知、人工智能、移动互联、主动协同等新技术，聚焦"智慧服务、智能运行、智能运维"等领域，实现运营全寿命周期的信息化和智能化。

目前，线网多个专业的设备设施采用了委外维修模式，以降低运维成本，主要分为两大类：一是选取外部市场相对成熟或劳动密集型的业务，如"风水电"业务、钢轨换轨等；二是暂不具备维修技术或国家有特殊规定的业务，如电扶梯、消防业务等。在以往设备设施维修维护市场尚未形成规模前，委外维修项目主要是在不具备自修的相关技术、专业设备或资质等条件下开展的，例如电梯维修维护、消防检测、核心信号设备维修、部分系统设备大修及更新改造等。随着线网快速发展，广州地铁综合考虑人员、成本、效益等因素，将市场成熟度较高的专业且具备日常维修自主能力的专业委外，例如线路、房建、"风水电"、自动售检票（AFC）、变电、接触网、站台门、桥隧专业等。同时，广州地铁也将"十三五"期间在建线路的车辆、信号专业等实施建设运维一体化委外。

5.2 差异化维修策略

5.2.1 维修策略分析

城市轨道交通行业内设备维修模式一般包括预防性维修（计划修）、故障修（恢复性维修）、改进性维修等。预防性维修也称作计划修，是为了防止设备性能和精度的劣化或降低，根据设备运转的周期和季节性等特点，按预先制定的设备维修周期和工作内容、技术要求和计划所进行的维修作业,包括不同周期的清洁、润滑、紧固、测试、调整、检查、更换和定时翻修等。故障修也称作恢复性维修,是指设备或其零部件发生故障后,使其恢复到规定状态的维修活动,包括故障定位、故障隔离以及分解、更换、调校、检验修复损伤件。改进性维修指对设备进行改进或改装,以提高设备的固有可靠性、维修性和安全性水平,是维修工作的扩展,实质上是修改设备的设计,应属于设计、制造的范畴。由于维修部门的职责是保持、恢复设备的良好状态,因此在设备固有可靠性、维修性和安全性水平不足时,改进性维修是进行有效预防性维修和故障维工作而采用的一种补充手段,也是设备改进循环中的一个必要环节。

由于预防性维修强调严格按计划和规定的时间安排维修,往往出现设备劣化尚未达到该修理程度或超过该维修程度的情况,也就是维修过剩或维修不足的问题。维修过剩会增加运营成本,影响效益,带来人力、物力的浪费。而维修不足则增大了故障停机和故障维修的概率,同样会影响企业效益。近年来,设备维修方式由预防性维修为主逐步转为向以可靠性为目的的可靠性维修(状态修)发展。

目前广州地铁各专业设备维修基本采用预防性维修与故障修相结合的模式。预防性维修是按照预先制定的检修周期与内容按计划实施的维修项目,通过定期检查、维护维修来控制设备的可靠性,检修间隔期的长短是控制设备可靠性的重要因素。随着新技术发展与维修理念革新,由此引入可靠性维修即状态修理念。即通过实施基于可靠性的状态维修管理,对设备的各种性能参数进行监控,及时调整某些维修项目和维修间隔,使设备维修工作既能够提高利用率又能最大限度地降低维修成本。

为了应对大线网运营,同时逐渐实现检修工作由预防性维修、故障修模式向状态修模式的转变,广州地铁在多年来设备检修的经验基础上,从主要依靠外部经验,到总结经验自主创新,在维修精细化的工作中逐步取得成效,形成了差异化的维修策略和维修管理模式,维修资源的投放日益精准。同时,在维修标准化方面,持续落实"标准化、规范化、精细化"的管理要求,建立了基于设备设施各项管理规则的精细化维修管理信息系统,形成"管理有标准、操作有指引、计划有统筹、过程可追溯、结果可分析"的设备设施维护管理原则。通过理论建立、装备提升、数据利用,改变了原有以计划修制为核心的维修模式,在保持服务品质持续卓越的同时,提出差异化精准维修优化思路与方针,以便维修资源得到精准投放。

5.2.2 精准维修要点

随着线网规模快速增长,传统的维修规程管理已不再适应地铁企业迅猛发展的趋势。网络化运营下,线网设备专业种类繁多,由于各线路同类设备原始制造质量、应用场景工况的不同,导致维修维护状态存在差异,各线路设备维修维护部门陆续提出差异化修订维修规程需求。"一刀切"的维修规程一方面导致部分维修方案未能紧密贴合各中心实际情况推进,另一方面导致各中心的可主动发挥空间不足,各二级单位决策权较小,责权利仍存在不对等情况,整体维修运作效率未有突破性提升,亟需结合线路状态、设备状况优化完善设备维护管理体系,实施精准维修,避免过度修或欠修,使维修资源投入更精准。

(1) 建立维修规程分级授权管理体系

2019 年广州地铁开展维修规程分级授权管理体系搭建,明确维修规程授权管控要求,形成了一套合理、科学的可持续管控措施,提高了维修管理运作效率。以国家法规为准,完善以维修技术通则、维修规程、维修工艺为层次划分的维修标准体系,实施维修规程的分级授权管理;以保证运营服务的交付质量为前提,以价值为导向试行不同线路设备设施的差异化维修策略,建立健全以实现综合效益最大化为目标的维修管理体系,实现差异化维修,实现按需维修、精准维修。主要做法如下:

一是制定专业设备维修技术通则,确定设备技术要求底线,对小修维修规程进行编制与审查并授权各设备中心实施,总部进行设备质量监管,确保总部各修程、修制在统一原则框架下实施制定和管理,保障规程分级授权管理能够有效、可控。二是根据授权管理体系变化,同步配套优化授权后的维修规程修编审核与发布流程,编制中心级各线路小修维修规程,以规章制度形式进行明确,确保流程上严谨、合理,不出现管理空白与漏洞。

(2) 建立差异化的维修策略与维修规程

维修策略(如维修技术通则)及各级维修规程是各专业设备进行维修维护管理的基本法则和依据,具有高级别的严肃性和强制性。广州地铁制定并持续完善各类设备检修技术通则及各级维修规程,形成总部的管理标准和技术标准,明确设备维修维护的周期与内容要求,以此作为开展各类设备设施检修工作的指导性文件。各专业根据线网特征和设备特性、设备设施生命周期阶段、品牌制式、环境工况与运行强度等对线路进行分档、对车站进行分类、对设备进行分级,形成标准,并开展维修规程内容的差异化编制与实施。

目前,广州地铁结合成本控制、人员技能、维修能力以及专业系统对行车安全、消防安全、人身安全、客运服务的影响程度等因素,将设备划分为A、B、C类和基础设施类。A类设备为直接影响行车安全、消防安全、人身安全的系统设备;B类设备为不直接影响行车安全但影响客运服务质量的系统设备;C类设备为对行车组织及客运服务均无直接影响的系统设备;基础设施类设备为除A、B、C类外的设备。维修方式采用日常维修和病害整治方案,并加强基础设施类设备的周期监测工作。

结合各系统设备自身特性及维修保养要求,制定Ⅰ类、Ⅱ类、Ⅲ类维修策略。其中:Ⅰ类为计划性维修策略;Ⅱ类为状态修维修策略,此类设备采取定期检测及维护保养,加深小修,评估后采取大修或专项修策略;Ⅲ类为故障修维修策略,此类设备采取故障修、评估后专项修策略。具体见表5-1。

设备设施分类及维修策略 表5-1

设备设施重要性分类			主要维修策略	
类别	分类原则	主要专业	类别	原则
A类	直接影响行车安全、消防安全、人身安全	信号、供电(变电、接触网)、线路、车辆(电客车、工程车)、火灾自动报警、气体灭火、给排水、电扶梯等专业	Ⅰ类	计划性维修,定期维护保养,加深小修。若有设备采用Ⅱ类或Ⅲ类维修策略需说明理由
B类	不直接影响行车安全但影响客运服务质量	站台门、低压配电、环控、设备监控、综合监控、电力监控、通信、乘客信息显示、自动售检票等专业	Ⅱ类	定期检(监)测,状态维修。若有设备采用Ⅰ类或Ⅲ类维修策略需说明理由
C类	对运营行车及客运服务均无直接影响	门禁、装修、广告、车站及车辆段等专业	Ⅲ类	故障修、评估后维修。若有设备采用Ⅰ类或Ⅱ类维修策略需说明理由
基础设施类	其他	房屋建筑、隧道结构专业		采用日常维修和病害整治方案,并加强基础设施周期监测工作

(3)建立完善的质量评价与监督管理体系

结合总部设备质量监督检查机制,依托各专业设备检修技术通则质量管控要求,开展运营设备维修质量监督及设备运行质量评价,持续评估授权实施效果,并及时改善提升。对于维修精细化要求,原有的设备设施维修记录、分析和信息传递方法已越来越无法满足线网维修精细化的需要。通过建立相应的维修信息系统,支撑维修管理、质量分析和控制,成为维修业务优化、控制维修质量的首选。

在设备维修精细化与信息化管理系统建设方面,广州地铁根据线网的发展规划,在优化现有计划性维修模式的同时,建立设备维修的精细化管理基础,为状态性维修转型提供良好的信息化支撑以及数据积累。一是通过信息系统对设备设施所涉及的使用、维护、修理、更新、改造等一系列有关设备设施的工作进行管理。二是对设备设施现场执行情况、设备可靠性状态、管理策略、作业资源的组织和配置、作业行为、知识资产管理水平、作业成本、设备综合效率水平、设备投资效率水平以及设备对安全、环境、健康的发展提供信息化支撑和业务数据归集。三是通过信息化手段将维修规程固化到信息系统中,通过引入物联网技术、二维码识别技术、手持维修终端设备,加强对现场维修作业的管理,及时收集现场设备状态数据,使维修业务"管理有标准,操作有指引;计划有统筹,执行有监控;事后可追溯,数据可分析"的精细化管理目标得以实现。

为改善线网运行点多、面广,以及线路区域之间信息共享及沟通不足的问题,广州地铁依托运营管理制度、信息系统,建立了定期状态评价机制,通过交班会、月度例会、年度评定等渠道,对设备设施运行进行"周预警、月评价、年评定",并及时将信息在运营线路范围内传递。该机制的实施可以及时发现设备故障的变化趋势,提早预警并制定改善措施。精细化管理收集到的可靠性数据,还可以应用于分析评价设备的技术状态,可以为系统设备从计划修逐步过渡到状态修,以及设备维护、改造、更新提供有效的数据支持。

5.2.3 典型案例

(1)案例一:机电维修通则优化

广州地铁通过开展机电维修通则优化,并根据优化后的通则开展内部差异化维修,核减维修工时,精简委外人员需求,在新一轮合同中实现降本增效的目的。

机电维修通则优化按以下原则及思路开展:首先,在相关法律法规的指导要求下,核减日巡视内容,根据实际需求仅保留消防安全管理规范所要求的消防巡视内容,以及使用空调季节中对空调设备的日巡视。其次,重新评估维修价值,将电动卷闸门、伸缩门、车辆段高杆灯、风机盘管、多联机、分体空调、空调管道及附件、风幕机、喷雾风扇、装修地面、车辆段屋面、非轨行区侧围蔽网、喷涂天花板等低价值维修修程核减为故障修。根据故障影响程度,确定维修修程和深度,如根据车辆段、轨旁、轨顶不同位置的射流风机的不同检修周期,区分设备检修深度。重新评估检修工序,对导向设备、门匾、立柱、服务时间灯箱、广告灯箱、不间断电源(UPS)等非关键工序进行核减,实现精准维修。根据使用环境、频率、年限实施差异化维修,如对车站和区间的同类设备执行不同检修周期,对天花板、墙面、防火门结合环境及年限进行差异化检修。

在设备分类方面,广州地铁根据内部专业设备分类与维修原则,结合设备专业特点及其对消防安全、行车安全、客运服务质量等影响程度,将设备分为 A、B、C 三类。"风水电"及房建专业 A 类、B 类设备采取 Ⅱ 类维修策略,即定期检测及维护保养,加深小修,评估后采取专项修策略;C 类设备总体采取 Ⅲ 类维修策略,即故障修、评估后专项修策略,部分重要设备采用 Ⅱ 类维修策略;总体日常维修方式为定期巡检、维护保养及故障修相结合。最终,维修通则优化成果如表 5-2 ~ 表 5-5 所示。

环控专业通则优化成果　　　　表 5-2

序号	设备	分类	原有周期	优化后的周期
1	防(排)烟风机及风阀	A	巡视、月检、季检、半年检、年检	月检、季检、半年检、年检
2	冷水机组	B	巡视、半年检、年检	(空调季日巡)月检、半年检、年检
3	组合空调机组及柜式空调机	B	巡视、半年检、年检	月检、半年检、年检
4	冷却塔	B	巡视、半年检、年检	月检、半年检、年检
5	水泵	B	巡视、半年检、年检	月检、半年检、年检
6	风机(除防排烟风机外)	B	巡视、年检	月检、年检
7	补水系统装置(含真空定压机组)	B	巡视、半年检、年检	月检、年检
8	格栅除渣机	B	巡视、年检	月检、年检
9	胶球清洗机	B	巡视、年检	月检、年检
10	水处理器	B	月检、年检	月检、年检
11	环控机房能效监控系统	B	巡视、半年检、年检	月检、年检
12	水处理设备	B	巡视、年检	月检、年检
13	多联机	B	巡视、半年检、年检	月检、故障修
14	板式换热器、辐射空调	B	巡视、年检	月检、故障修

续上表

序号	设　备	分类	原有周期	优化后的周期
15	盘管风机、新风除湿机	C	巡视、年检	故障修
16	空调管道及附件	C	巡视、年检	故障修
17	分体空调	C	年检	故障修
18	风幕机、高效风扇	C	年检	故障修
19	喷雾风扇	C	年检	故障修

给排水专业通则优化成果　　　　　　　　　　　　　　　表 5-3

序号	设　备	分类	原有周期	优化后的周期
1	潜污泵	C	月检、季检、年检	季检、年检
2	真空排水系统	B	月检、半年检、年检	季检、半年检、年检
3	密闭污水提升装置	B	月检、半年检、年检	季检、半年检、年检
4	压力井	C	日检、年检	年检
5	生活给水设备	C	月检、年检	年检
6	中水回用设备	C	月检、年检	年检
7	污水处理系统	C	日检、年检	周检、季检、年检
8	管道及附件	C	日检、年检	年检
9	消防栓	A	日检	日检
			月检、年检	季检、年检
10	消防管道及附件	A	日检	故障修
			年检	年检
11	消防水系统	A	日检、月检、季检、年检	日检、月检、季检、年检
12	喷淋水系统	A	日检、月检、季检、年检	日检、月检、季检、年检
13	消防水炮系统	A	日检、月检、季检、半年检、年检	日检、月检、季检、半年检、年检
14	水喷雾系统	A	日检、周检、月检、季检、年检	日检、周检、月检、季检、年检

低压配电专业通则优化成果　　　　表 5-4

序号	设备	分类	优化内容	原有周期	优化后的周期
1	环控电控柜、变频柜	B	大部分能远程监控,设备状态良好时日巡视的效益低,通则改为月检	日巡视、年检(车站)月巡视、半年检、年检(区间)	月检、年检
2	给排水水泵电源箱及控制箱	B	大部分能远程监控,设备状态良好时日巡视的效益低,通则改为月检	月巡视、年检、专项修	年检
3	电源切换箱	B	设备状态良好时日巡视的效益低,通则改为月检,季检改为年检	日巡视、季度、年检(车站)月巡视、半年检、年检、专项修(区间)	月检、年检
4	配电箱	B	设备状态良好时月巡视的效益低	日巡视、季度、年检、专项修(车站)月巡视、半年检、年检、专项修(区间)	年检
5	事故照明蓄电池成套装置	A	大部分能远程监控,设备状态良好时日巡视的效益低	日巡视、年检、专项修(车站)月巡视、年检、专项修(区间)	月检、年检
6	防淹门	A	大部分能远程监控,设备状态良好时日巡视的效益低,通则改为月检	日巡视、月检、专项修	月检
7	电动卷闸门、伸缩门、车辆段高杆灯	B	设备使用频率高,能及时发现故障,有应急措施降低故障影响,维修策略从Ⅱ类改为Ⅲ类	季检、年检年检(高杆灯)	故障修
8	导向设备、门匾、立柱、服务时间灯箱、广告灯箱	B	设备故障率低,影响面不大,删除部分效益低工序,保留必要的工序	年检	年检
9	环控电控柜、防淹门	B	小功率被动式散热不间断电源(UPS)进尘量少,年检进行板件清洁效益低,建议该工序只针对有散热风扇机型	日巡视、年检(车站)月巡视、半年检、年检(区间)	月检、年检

第5章 精益维修管理实践

房建专业通则优化成果　　　　　　　　　　　　　　　　表 5-5

序号	设施名称	区域	设备分类	优化前后巡检要求	
				优化前	优化后
1	天花系统	车站公共区	B	周检	月检/季检/半年检/故障修
		车站设备区公共区域	C	月检	故障修
		车站设备房	C	季检	
		车辆段、停车场、地铁运营控制中心(OCC)、变电所	C	月检	
2	墙柱系统	车站公共区	B	周检	月检/季检/半年检/故障修
		车站设备区公共区域	C	月检	故障修
		车站设备房	C	季检	
		车辆段、停车场、OCC、变电所	C	月检	
3	地面系统	车站公共区	C	周检	故障修
		车站设备区公共区域	C	月检	
		车站设备房	C	季检	
		车辆段、停车场、OCC、变电所	C	月检	
4	屋面系统	高架车站	B	季检	半年检
		车辆段、停车场、OCC、变电所	C	月检	故障修
5	附属系统	车站公共区	C	周检	故障修
		车站设备区公共区域	C	月检	
		车站设备房	C	季检	
		车辆段、停车场、OCC、变电所	C	月检	
6	防雷设施	车站	B	季检	半年检
		区间	A	月检	月检
7	非临轨侧围蔽网	正线、段场	C	月检	故障修
8	边坡、挡墙	车辆段、停车场	A	月检	月检

续上表

序号	设施名称		区 域	设备分类	优化前后巡检要求	
					优化前	优化后
9	轨行区房建系统	人防门	车站、轨行区	A	季检	季检
		重力排水管	轨行区	A	月检	月检
		联络通道门		A	月检	月检
		临轨设备房门		A	月检	月检
		轨行区落轨梯		A	月检	月检
		正线防护设施		A	月检	月检
		疏散平台（登车平台）		A	季检	季检

维修通则优化后，广州地铁通过对专业、设备、工序及检修类型进行细分，根据巡检、月检、季检、年检等不同周期明确检修所需工时，建立检修作业标准工时体系（工时定额标准），将消防设备巡检中专业性不强的部分内容结合车站巡检进行优化。如：消火栓灭火系统中室内外消火栓外观、启泵按钮外观、应急灯和疏散指示灯外观和工作状态巡视，以及防火分隔设施、防洪物资巡视移至车站巡检，核减部分消防巡检工时。

最终，通过专业维修通则及维修规程优化，建立检修作业标准工时体系（工时定额标准），以有效工时利用率75%为目标，编制广州地铁5条线路检修作业工时、非检修作业工时及故障修工时，折算成维修人员后，对比目前正在执行合同可减少100人，平均优化率达24.5%。

(2) 案例二：桥隧结构维保项目差异化维修优化

建筑物（构筑物）结构维修工作贯彻"预防为主，防治结合，修养并重"的原则，有效地预防和整治桥梁、隧道、车站、OCC、车辆段等建筑物病害，有计划地补偿建筑结构设施损耗，以取得较好的技术经济效益。目前广州地铁运营总部的桥隧专业巡检频率满足《城市轨道交通设施设备运行维护管理办法》要求，养护维修周期与巡检周期均与行业管理办法要求一致，涉及区域包括车站、隧道及附属设施、桥梁结构。

在新一轮委外维修合同中对标内部维修规程，对日常巡检、养护维修的需求内容进行更新。委外维修合同提到的主要需求内容包含工时和检修维护标准，其中委外工时主要包括：检修工时、非检修工时及故障工时。桥隧结构维修项目委外工时组成如表5-6所示。

桥隧结构维修项目委外工时组成 表5-6

工时类型	主要内容
检修工时	①车站结构检修工时； ②隧道结构检修工时； ③桥梁结构检修工时； ④其他结构设施检修工时(护坡、区间风亭、主变电站等独立设施)
非检修工时	①专项检查及整治工时(雨季前预留孔洞排查、汛期护坡挡墙专项排查、漏水影响电气设备排查、墙体隐患排查等)； ②应急、专项值守工时(法定节假日应急值守、一级和二级应急保障应急值守、防洪值守、暴雨天气护坡值守等)； ③配合外单位作业工时(施工质保作业配合、其他外单位工作配合等)
故障工时	①故障确认工时； ②故障处理工时；

在新一轮委外维修合同需求计量中，对车站结构巡检工时的优化主要根据车站等级进行差异化设置。依据日常巡检及养护维修情况，结合相关规范要求，以车站为单位，对车站结构进行周期性和计划性地评估，评估频率为每年1次。车站结构从主体结构、附属结构及附属设施等方面进行分项状态评定，取最差的上述评定项目等级(一级最好，二、三、四级逐级变差，五级最差)为车站结构的评定等级。车站结构评定等级为一级时应进行日常养护维修；评定等级为二级时应进行养护维修，并加强检查；评定等级为三级时应加强监视，必要时(严重影响客运服务质量、危及行车安全)启动专项评估或进行专项修；评定等级为四级及以上时启动专项评估，根据评估结果进行维修或专项修(表5-7)。

桥隧结构专业差异化维修规程的优化结果为：一、二级车站巡检频率优化至每半年1次，三、四级车站巡检频率优化至每季度1次，其余结构巡检频率均已达到《城市轨道交通设施设备运行维护管理办法》最高要求，暂无优化空间。

通过更新差异化检修标准及需求定额标准，对新一轮委外维修合同人员需求进行测算后，对比上轮在执行的合同的对应内容，委外维修人员数量下降约17.4%，较好地实现了人力资源的精准配置。

车站分项状态评定标准　　　　　表 5-7

序号	类别	项目	一级	二级	三级	四级	五级
1	结构	钢筋混凝土及预应力混凝土结构	结构完好，无露筋、蜂窝现象	结构完好，无露筋、蜂窝现象	承重结构基本完好，部分结构有露筋、蜂窝现象	承重结构有大部分露筋、蜂窝现象	危险状态：重要部件出现严重的功能性病害。丧失部分使用功能，不能正常使用
		钢结构	屋架平直牢固，无倾斜变形，无锈蚀	屋架无变形，各结点焊接完好，表面锈斑较少	屋架有轻微倾斜或变形，少数支撑不见损坏，锈蚀严重	屋架明显倾斜或变形，部分支撑杆件变弯松脱，锈蚀严重	危险状态：丧失部分使用功能，不能正常使用
		电缆墙	—	敲打无空鼓现象，无裂缝，装饰板紧固，无损坏	敲打有空鼓现象，有些许裂缝，装饰板不够紧固，有损坏	敲打有局部空鼓现象，有明显裂缝，装饰板松弛，有损坏	敲打有大面积空鼓现象，有明显裂缝，装饰板安装松弛，有损坏	危险状态：大面积空鼓，丧失部分使用功能，不能正常使用
		结构防水	—	无渗漏	基本无渗漏	局部渗漏	大面积渗漏	渗漏严重
2	楼梯	台阶	—	完整、牢固、无破损	完整、少量破损、起砂	部分破损	严重破损	危险状态：丧失部分使用功能，不能正常使用
3	屋面	防水	—	不漏雨，防水层无破损，无渗漏	局部渗漏，渗漏部分占屋面面积10%以下；卷材防水层稍有空鼓、翘边和封口不严情况，轻微泅水	渗漏部分占屋面面积30%以下；卷材防水层有部分空鼓、翘边，封口脱开，少量泅水、渗漏	渗漏部分占屋面面积30%以上；防水层普遍老化、断裂、翘开，空鼓现象严重，滴漏、渗漏严重	危险状态：渗漏部分占屋面面积50%以上；滴漏、渗漏严重，丧失部分使用功能，不能正常使用

续上表

序号	类别	项目	一级	二级	三级	四级	五级
4	墙面	变形缝	—	变形缝压条牢固、完整无破损、无渗漏水	基本完好、无破损、个别空鼓、有裂缝、剥落、轻微渗漏	变形缝压条轻微翘起、有破损、残缺,部分空鼓、有裂缝、剥落、少量渗漏	变形缝压条翘起、脱落、破损、残缺严重,渗漏严重	变形缝压条大部分翘起、脱落,破损、残缺严重,丧失部分使用功能,不能正常使用
5	地面	变形缝	板块地面	变形缝压条牢固、完整无破损、无渗漏水	表面基本平整,有轻微松动、空鼓、裂纹、掉角、缺楞、翘曲等现象、剥落、轻微渗漏	表面不够平整,有小面积松动、空鼓、裂纹、掉角、缺楞、翘曲等现象,少量渗漏	面层严重空鼓、剥落、块料面层严重脱落、高低不平、破碎残破不全,渗漏严重	危险状态:大面积脱落,丧失部分使用功能,不能正常使用
		站台板	—	平整、牢固、无损	面层平整、牢固,局部裂缝、空鼓、起砂,个别块料面层空鼓、磨损	面层部分裂缝、空鼓、剥落、起砂严重,个别块料面层破损、脱落、高低不平	面层严重空鼓、剥落、起砂严重,块料面层严重脱落、高低不平、破碎、残破不全	危险状态:大面积脱落,丧失部分使用功能,不能正常使用
		散水	—	散水完整	散水基本完好	散水部分破损	散水破损	危险状态:丧失部分使用功能,不能正常使用
6	附属设施	天桥、雨棚和围栏	无破损或锈蚀	基本无破损或锈蚀	轻微破损或锈蚀	严重破损或锈蚀	危险状态:大面积破损,丧失部分使用功能,不能正常使用

(3)案例三:通信专业规程优化

通信专业作为城市轨道交通系统中必不可少的一部分,随着通信技术的快速发展,在城市轨道交通运营管理中的作用愈发凸显。它为乘客提供方便、快捷的信息服务,为运营管理及设备维修提供不可或缺的通信条件,是保证城市轨道交通运输安全、快捷、高效运行的一种不可缺少的智能化、产业化的综合系统。

通信系统维修以预防为主、与整修相结合的原则,按期对设备进行计划性维修并在维修过程中使用多种手段进行检测,并根据设备运行状态逐渐从计划修向状态修方向发展。通信系统维修规程可分为:日常保养(日检、周检、双周检);二级保养(月检、季检);小修(半年检、年检);中修(5~6年);大修(10~11年)。2020—2021年为实现通信设备维修降本增效,广州地铁组织优化通信设备维修规程,对设备各项检修维修价值进行分析,提出差异化维修策略。通过对不同线路、不同车站、不同设备的设备使用年限、设备技术状态、线路行车间隔、线路客运强度等因素的综合计算,得出线路-车站-设备对应的检修强度评分,根据评分将线路-车站-设备分为三个检修强度档次,将不同档次对应至不同的检修要求,实现差异化维修,具体分档情况如表5-8所示。

通信系统设备差异化维修分档　　　表5-8

位置	设备	原周期	第三档	第二档	第一档
中央设备	中央设备	日检、月检、年检	日检、月检、年检	日检、月检、年检	日检、月检、年检
站级核心设备	无线/UPS机柜	周检、月检、年检	周检、月检、年检	双周检、月检、年检	月检、年检
	其他设备机柜	月检、年检	月检、年检	月检、年检	月检、年检
站级外围设备	无线天线	月检、年检	半年检、年检	半年检、年检	半年检、年检
	闭路电视监控系统(CCTV)外设设备	月检、年检	月检、年检	月检、年检	月检、年检
	时钟外设设备	月检、年检	半年检、年检	半年检、年检	半年检、年检
	广播扬声器	年检	年检	年检	年检
	安防外设设备	季检	季检	季检	季检
车载设备	车载台	周检、月检、年检	周检、月检、年检	周检、月检、年检	双周检、月检、年检
	车载CCTV	周检、月检、年检	周检、月检、年检	周检、月检、年检	周检、月检、年检
区间设备	高架区间设备	季检、年检	季检、年检	季检、年检	季检、年检
	地下区间设备	半年检、年检	半年检、年检	半年检、年检	半年检、年检

通信专业规程优化立足现状,在各线路维护人员实践经验的基础上,通过充分调研和讨论,总结出以下三点优化原则:

①设备维修档次

根据设备分类、重要性和故障影响范围划分维修档次,调整检修策略。

涉及线路级、站级核心设备及影响安全的设备定为第三档;影响关键系统局部功能的设备定为第二档;影响非关键系统局部功能的设备定为第一档,并将计划修改为状态修。

②设备检修价值

依据设备检修价值,对于检修价值低、检修过频密的维修策略进行调整。

需测试设备关键功能和参数,且设备需深度整治的定为第三档;只进行常规功能和参数测试、常规检查和整治的设备定为第二档;仅完成状态、功能检查整治、检修频率过高的设备定为第一档,并延长检修时间。

③设备可替代性

调整可通过技术手段替代或结合其他工作替代的检修内容。

无法替代或只有小部分功能可替代的设备定为第三档;大部分检修内容可以替代的设备定为第二档,并将计划修改为状态修或延长;可通过技术或其他手段完全替代的设备定为第一档,并将计划修改为状态修。

通过上述优化原则,完成通信设备差异化维修策略的优化及各子系统周期调整建议。通信系统各系统维修策略采用差异化维修后的变化详见表5-9。

通信专业各系统维修策略采用差异化维修后的变化　　　表5-9

分类	系统	周期	关键性	检修价值	可替代性	调整建议	
						策略	周期
中央设备	全系统	日	高	高	低	计划修	保持
		月	高	中	低	计划修	保持
		年	高	高	低	计划修	保持
站级核心设备	无线系统	周/双周	高	低	低	计划修	月检
	UPS系统	周/双周	高	低	低	计划修	月检
	全系统	月	高	中	低	计划修	保持
	全系统	年	高	高	低	计划修	保持
站级外围设备	无线系统	半年	中	中	中	状态修	小修
	广播系统	年	低	低	中	状态修	小修
	时钟系统	半年	低	低	高	状态修	小修
	视频监控系统	月	中	高	中	计划修	季检
	安防/电缆井	季	高	高	低	计划修	保持

续上表

分类	系统	周期	关键性	检修价值	可替代性	调整建议	
						策略	周期
区间设备	全系统	季/半年	高	高	低	计划修	保持
车载设备	无线系统	周/双周	中	高	中	计划修	月检
	车载视频监控系统	周	中	高	中	计划修	月检
	全系统	月	中	中	低	计划修	保持
	全系统	年	中	高	低	计划修	保持

通过对原有规程在符合技术要求的前提下进行差异化维修策略优化,能够较为显著地减少通信专业的作业项目。以第三档的代表线路 3 号线、第一档的代表线路 9 号线为例,在 2019 年未优化规程前,3 号线共有作业项目 8808 项,采用差异化维修策略后,2021 年作业项目减少 1346 项(15.2%);在 2019 年未优化规程前,9 号线共有作业项目 4096 项,采用差异化维修策略后,2021 年作业项目减少 1431 项(35%)。优化后第一档线路相比起第三档线路的优化情况尤为显著,符合维修策略优化思路(表5-10)。

3、9 号线差异化维修后通信专业作业项减少情况　　　　表5-10

线　路	2019 年通信专业作业项	2021 年通信专业作业项	减少作业项
3 号线(第三档)	8808	7462	1346
9 号线(第一档)	4096	2665	1431

根据原有规程,通信专业共有作业项目 177443 项,而采用差异化维修策略后,作业项目减少 26808 项(15.1%);将调整周期的工序与原同周期作业进行融合,可减少作业项目 10536 项(5.9%)(图5-1)。通过对上述数据进行分析可以发现,采用差异化维修策略后通信专业维修作业能够明显减少,降本增效成果显著。

(4)案例四:车辆专业规程优化

地铁列车的维护维修间隔期应随列车实际状态动态变化,使维修既不欠量而导致故障出现,又不过量而浪费列车维护资源。随着技术的进步,越来越多的检测设备可以辅助工人进行列车部件的检测。广州地铁借助已有的检测设备辅助工人进行部件的检测,实现了检测设备替代人工检测,调整优化了检修规程,如首创借助列车 360°外观故障检测系统实现日常检修由"四日检"延长至"八日检"。

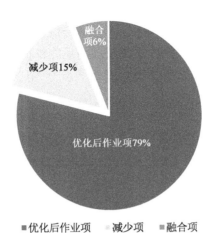

图 5-1　差异化维修后通信专业作业项

① 列车 360°外观故障检测系统

对于构型复杂、部件繁多的地铁列车,通过机器视觉技术对其进行外观检测是一种有效节省人工的方式。广州地铁设计了一种检测方法,其基于多线阵相机成像得到列车完整的图像数据,利用图像处理的方式对列车 360°外观故障进行检测(图 5-2)。

图 5-2　列车 360°外观故障检测系统

对广州地铁列车360°外观故障检测系统的试用和验证数据表明,系统检测精度可达99%。为了跟踪对比列车360°外观故障检测系统实际应用效果,广州地铁开展了三次人工检测与图像系统检测的故障模拟检测,即"人机比武",分别选取了代表人工的最佳水平、平均水平的人员,采用2人一组分别与图像系统进行对比验证。

结果表明(表5-11),列车360°外观故障检测系统检测准确率高于人工检测准确率,漏报率低于人工最佳水平及平均水平,但误报率较高。随着算法的不断更新迭代,该系统检测准确率将不断上升,可以通过不断学习提升准确率、降低误报率,逐渐替代人工检测。

故障模拟检测比武数据　　　　　　　　　　表5-11

比武环节	队　伍	检出故障数/故障模拟数	漏报故障数	误报故障数
第一轮	机器1	47/50	3	21
	人工最佳1	46/50	4	5
	人工平均1	38/50	12	5
第二轮	机器2	59/60	1	5
	人工最佳2	53/60	7	2
	人工平均2	44/60	16	3
第三轮	机器3	25/26	1	10
	人工最佳3	22/26	4	0
	人工平均3	18/26	8	2

②八日检可行性分析

列车360°外观故障检测系统,从技术能力上已具备代替人工检测的能力。根据计算,该系统仅能覆盖四日检检修规程88%的项点,对于遮挡及带电部件无法实现替代检测,故研究借助该系统替代部分检测项点检测工作并优化检修规程。

列车360°外观故障检测系统检测项点覆盖四日检车底、车侧修程部件项点8600余项(共90类,占检修部件的88%),覆盖关键项点2000余项(26类);覆盖车顶空调、受电弓等外观项点608项,可认为能实现列车360°外观全面检测。

车辆专业规程中未被列车360°外观故障检测系统覆盖的项点,主要为被遮挡外观的机械部件,占比约12%,以及大部分需要人工检查的电气元件。对未覆盖的项点采用故障模式、影响及危害性(FMECA)分析方法确认设备的可靠性,明确每一被检部件可能存在的具体失效模式,对每一部件的故障率、失效模式故障等级、失效模式影响概率和失效模式相对频率进行量化,从而计算出每个部件的各种失效模式的危害度,对危害度高的失效模式进行综合分析,制定相应的措施。

为保障列车设备的可靠性,结合目前班组排班方式,列车检修可由"四日检"优化至"八日检",采用"八日检+专项检"的维修模式。

③八日检实践效果

2019年1月至2020年10月,列车维修模式是四日检。2020年10月至2021年5月,列车维修模式是八日检。随着八日检的实行,列车平均万公里故障数由1.61件/万公里下降至0.77件/万公里,平均万公里正线故障数由0.38件/万公里下降至0。图5-3展示了部分列车在八日检前后故障情况。实践证明,列车检修模式由"四日检"优化至"八日检"可行,列车质量能保持良好稳定状态。

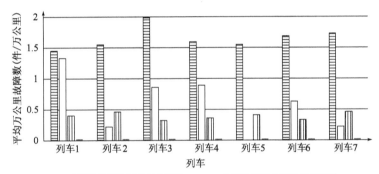

图5-3 部分列车在八日检前后故障变化情况

目前,通过应用智能运维系统对列车外观故障进行机器检测,准确率已经满足日常检修要求。结合对近几年试点线路B8型车的故障数据、近3年相似车型故障数据和检修经验,综合分析设备的运用状况和质量变化趋势,经过对四日检项点进行逐项拆解,对于机器无法检测覆盖的项点开展物理可靠性分析,根据产品设计平均无故障时间(MTBF)和平均无故障运行里程(MMBF)计算结果确认项点是否满足八日检要求。使用FMECA分析方法对所有项点进行危害度分析,对危害度进行排列,核查各项点是否满足八日检要求。经过实践检验,列车八日检模式可保障设备运行质量稳定,这进一步验证了列车八日检检修模式的可行性。

随着检测设备的运用,广州地铁将进一步实现检测设备与检修业务的结合,突破传统的人工检修模式,探索"机检"代替"人检"的维修模式,实现降本增效的目标。

(5)案例五:架修系统修探索

广州地铁采取的架修集中修,是在规定的生产周期内按照既定的技术规程,一次性将车辆调入架修库完成所有作业,调试合格后投入运营的维修模式。以L型车架修为例,总扣停周期为30个工作日,但列车实际扣停时间大于30个日历日。在有限的资源下实施集中修占用资源过多,成为制约架修产能的关键因素。

通过对架修规程、生产组织模式、集中修关键资源进行多维度分析,广州地铁将整车维修规程分解为各个系统部件的维修规程,并对各系统部件进行多维度定义(表5-12),在保障维修质量的前提下,通过维度分析将各个部件系统进行整合打包,将整车架修集中修模式优化为多个系统维修包(简称系统修包)的架修系统修模式(表5-13)。

系统部件多维度定义　　　　　　　　　　　　　　　表5-12

序号	维度类别	拟解决的问题
1	是否可使用周转件	解决架修周期受部件作业时长限制的问题
2	系统部件架修里程	解决整车维修里程范围大、部件存在过度修问题
3	是否必须在大修库开展	解决大修库关键资源架修实施期间长期占用问题
4	系统部件作业工时	将部件系统修作业工时合理打包,避免系统修包工时分配不均导致人员配置阶段性不足问题
5	人员数与作业时长是否成正比	架修系统修扣修停时及人员的合理制定
6	部件作业是否需深度静态调试	避免重复深度静调,长时间占用静调资源问题

系统修规程设置原则　　　　　　　　　　　　　　　表5-13

序号	系统修包名称	系统修包作业内容	打包参考维度	作业时长	作业地点
1	系统修包1	主要针对检修里程控制要求严格、需深度静调及动调、可使用周转件的部件且可在大修库内进行检修的部件系统,以周转件上下车的生产组织方式实施	是否可使用周转件,系统部件架修里程,是否必须在大修库开展部件检修,作业是否需深度静态调试	7天(扣车开展)	大修库
2	系统修包2	主要针对可不利用大修库资源即可开展(在检修道进行)检修、维修里程控制范围较大且作业不需深度静调、动调的系统部件	是否必须在大修库开展检修,系统部件作业工时,人员数量与作业时长是否成正比,部件作业是否需深度静态调试	7天(扣车开展)	运营检修道

续上表

序号	系统修包名称	系统修包作业内容	打包参考维度	作业时长	作业地点
3	系统修包3	转向架、轮轴、集电靴、制动夹钳、空调、直线电机系统周转件作业,作业实施可离线开展,无须扣车	是否可使用周转件	7天(不需扣车开展)	大修库

通过如上的维度对车辆部件进行评估整合,将原整车检修分解为三个独立的系统修包,将原架修集中修维修模式转变为架修系统修维修模式。

通过采取架修系统修模式,车辆的运营可用率大大提升,单个系统修包实施周期短,可精准控制高价值关键部件,如轴承的维修里程,进一步实现精准维修;可解决整车扣修的里程跨度大、部分部件存在过度修的问题。

通过采取架修系统修模式,列车的供车率得到进一步提升。列车单次扣修停时由30天降低到7天,架修集中扣修停时降低76.7%。

架修系统修作业内容后续可进一步与运营中心的检修系统修融合,为后续架修模式进一步优化提供经验支撑。

(6)案例六:电子设备零部件(简称电子部件)集中维修优化

广州地铁原来的电子设备维修分散设置在每条线路的车辆段内进行,由整体设备运维部门负责检修,仅能满足各线路内部设备日常检查检测与计划修、故障处理需求,对一些复杂的设备或专业性较强的故障维修项目缺乏技术攻关力量,处理方法以换件修为主,技术能力及深度维修水平难以提升。

随着技术的发展和大量新技术在地铁行业的应用,设备维修维护的技术含量也在不断提升,电子部件维修业务量逐年增加,原有的分散维修模式已不能满足地铁发展的需要。为了合理降低运营成本,满足超大规模线网部件维修发展的需要,保障地铁运营的安全性和可靠性,广州地铁开展了电子部件的集中式维修,建设完成电子部件维修基地,做大做强了电子维修业务,有利于加强维修管理,实现技术和资源共享,有利于培养自有的专业维修队伍,有利于地铁运营降本增效。

电子部件集中维修模式从探索、建立以及成熟以来,部件维修能力得到了显著提升,从刚开始的年均维修1000多种、数千件,到年均维修4000多种、20000件,生产效率大幅提升,完成部件攻关400多种,开发维修测试设备100台套,技术能力及维修水平得到了发展,电子部件集中维修模式的规模优势、人才优势与技术优势得到了充分体现,为线网其他部件的维修能力建设提供了良好的借鉴与参考。

5.3 动态调整维修模式

随着广州地铁的跨越式发展,线网运营规模和管理幅度的不断扩大,以及乘客服务界面质量要求的不断提高,客运服务和设备维护的压力和投入持续增加。为集中内部相应资源及管理优势,培育并发展核心业务领域,减少非核心专业的资源投入与成本占用,推动规模化运营向规模化经营转变,广州地铁根据战略规划目标和业务发展需要,匹配当期自有人员配置状况,对各专业的维修模式实施动态管理。

5.3.1 维修模式选择

委外维修是城市轨道交通运营企业在不具备相关技术、专业设备、资质或在综合考虑人员及成本等因素下,委托外单位进行设施设备管理的方式。在保证安全运营的前提下,科学合理地选择维保模式,可以降低运营成本,有利于缓解人员培养和管理压力,实现运营管理的综合效益最优化。在以往设施设备维修维护市场尚未形成规模前,委外维修项目主要是在不具备自修的相关技术、专业设备或资质等条件下开展的。随着线网快速发展,运营综合考虑人员、成本、效益等因素,逐步将市场成熟度较高的专业委外。

目前,广州地铁的设备设施维修模式有两种:一是对于涉及核心能力培育的专业,原则上以自修为主,即自行开展设备维修维护,按设备专业进行分工,成立不同的专业维修维护部门,负责相关设备的维修维护工作;二是委外维修,将设施设备的日常维护、故障维修等业务完全或部分委托给外单位,运营总部配备必要的技术人员进行委外管理、质量验收等。

采用委外维修的原因包括:一是厂家技术封锁或技能限制无法自主维修;二是市场成熟度较高,市场竞争充分、承包商多,需密集劳动力的专业设备适合委外维修;三是相关运维有特殊资质要求。在维修模式选择上,重点通过以下五个方面的研究论证,作为有关专业是否实施委外维修模式的决策依据:

(1)市场成熟度分析

通过市场摸查,判别专业市场成熟、可靠程度等。

(2)安全可靠性分析

专业委外后,分析委外维修对于运营安全管控、应急响应方面是否存在影响等。

(3) 技术可行性分析

分析外部市场专业技术水平是否满足要求,是否影响与内部其他专业的匹配、协调等。

(4) 经济性分析

专业委外前后,分析相应资源投入,包括组织架构、人员配置、生产成本等。

(5) 风险分析

结合上述分析,进行关键风险点分析,分析委外维修存在的局限性,并提出相应风险控制策略或措施。

5.3.2 委外维修管理分析

自2006年起,广州地铁对社会化程度较高、市场成熟的专业,在安全可控、经济及技术具备可行条件的前提下,陆续研究并推行部分专业应用委外维修模式,包括机电、房建、线路等专业,目前已具备扎实的项目管理基础和规范的运作模式。广州地铁各专业维修模式如表5-14所示。

广州地铁各专业维修模式　　　　　表5-14

专业系统	专业	子专业	维修模式
车辆	电客车	—	自修为主,部分工序委外
车辆	车辆段设备	工程车、洗车机、架车机、不落轮镟床、车辆段起重机(天车设备)、轮对生产线等	自修为主,部分设备委外
供电	变电	—	自修为主,大修及以上委外
供电	接触网(轨)	—	自修为主,大修及以上委外
信号	信号	车载、计算机联锁、列车自动监控(ATS)、轨旁、背投、电源屏、UPS系统	自修
通信	通信	传输、无线、公务电话、调度电话、广播、时钟、视频监控、车辆段安防、不间断电源系统及其他设备(对讲机、机车控制器、对讲器等)	自修为主
乘客信息显示系统(PIDS)	—	—	委外

续上表

专业系统	专业	子专业	维修模式
机电	环电	环控、给排水、低压配电与照明系统及防淹门	委外
	门梯	站台门、电扶梯	委外
	自动化	火灾报警系统(FAS)、气体灭火系统(含细水雾)、环境与设备监控(BAS/EMCS)、电力自动化监控(SCADA)系统、综合监控系统	委外
工建	桥房	桥梁、隧道、房建、疏散平台	委外
	线路	轨道、感应板	委外为主
AFC	AFC	闸机、自动售票机、半自动售票机、编码分拣机、自动验票机、其他计算机及附属设备	自修为主
门禁	门禁	门禁就地控制设备、门禁工作站、门禁系统控制器、门禁计算机及附属设备、门禁交换机、门禁服务器、门禁电源设备	自修

以机电专业系统为例,地铁机电设备包括环控、给排水、低压配电与照明、站台门、电扶梯设备等,专业多、种类多、品牌多(且各品牌之间不通用)、设备基数大、作业区域广且环境复杂多样,设备的故障类型也呈现多样化。机电设备遍布在车站的每一角落,直接服务于运营,因此设备运行质量的稳定关系到公司的服务质量及形象。

机电专业通用性强、市场成熟度高,容易培育成熟与健全的维修市场。因此广州地铁机电设备(除自动化设备)自2008年起采用全委外维修模式,通过十多年对维修市场的培养,逐步扩大了市场的竞争性。目前,机电设备涉及的维修项目中部分设备属于地铁特有或需要特定资质,市场竞争选择范围小,只能委托原厂或由具备资质的单位承接维修工作。经过十多年的实践验证,机电设备全委外维修模式有效降低了公司人力及材料备件库存成本,依托维修单位较强的施工能力开展了维修改造工作,为地铁的高效、平稳运营保驾护航。

但是,随着线网的不断扩大、技术的不断革新,部分委外维修单位服务能力难以满足城市轨道交通线网发展需求,委外管理成为一个难点,主要体现在以下几方面。

一是委外维修单位人员管理难度大。委外维修单位为追求利润最大化,将大部分人员薪资设置在较低水平,不愿意在项目管理上投入过多,导致出现委外人员数量及资质配置不到位、人员变动频繁、人员技能不足、人员违章违规等情况。部分专业由于技术垄断、承包商资格限定等特殊因素,降低了项目的市场竞争力,使得成本管控、技术革新在一定程度上受到限制。

二是委外作业监管成本高。为保证运营安全,委外后采用分工点、分专业跟进的委外管理模式,造成委外配合工作量较大。部分委外单位缺乏责任心及主动性,委外维修后需要投入大量资源开展作业监管,耗费大量管理成本。

三是自有技术能力弱化。委外维修后,专业设备的日常维护、应急抢修的任务均由委外单位完成,业主员工转变为项目管理方,以现场监督和配合、指导应急处理为主,相应的技术队伍和技术力量无法得到有效锻炼,专业技术出现断层。

针对上述委外管理存在的问题,广州地铁结合过往管理经验,采取了多种措施提升整体管理质效,包括营造竞争环境、界定维修单位责权利、打造风险条件下维修替代能力、共建"运""维"双方战略联盟等。随着线网的发展,委外管理的难度急剧增加,亟需优化委外管理机制,树立可持续发展的设备管理理念,采取"自主维修与社会化维修相结合"的模式,通过综合考虑政策、市场、设备重要性、维修力量、成本控制等多方面的因素,采取科学、合理的维修模式,明确委外维修的权责、工作范围,并在实际运作中不断对合同内容进行优化完善,才能更好地保障委外维修工作平稳运行,确保维修效率和质量。此外,运营中心需要建立一支高水平的维修管理队伍,对具体工作进行有效的监督、验收及审核,并在紧急情况下承担起抢险应急的相关工作。

5.3.3 阶段性委外转自修

城市轨道交通运营设备设施维修模式不是一成不变的,而应该是随着外部环境(政策、市场机制等)和内部因素(技术水平、管理体制等)的变化而变化。这种变化往往存在着一定的阶段性,可以通过合理的预测,在一定的时间和空间范围内探索不同阶段的最佳维修模式。

例如,为精细控制运维成本,广州地铁结合人员配置情况,在部分专业主动实施阶段性委外维修转自修,通过内部人力资源跨单位、跨岗位支持的方式,满足部分专业阶段性、专项性业务维修需要,以此推动各专业人力资源共享、盘活内部人才市场、提升人员生产效率。其中,对于供给单位,可阶段性节约人工成本;对于需求单位,可以快速满足业务需要并避免人员冗余。同时,以此为契机加强人才综合性培养,为员工提供跨线、跨部门学习的机会,提升工作技能,增强工作动力。例如,站台门专业、PIDS 专业、机电及房建专业在既有委外合同结束前,广州地铁结合新线开通前的窗口期,安排新线储备人员对三个专业开展了为期一至两年的阶段性自修工作。通过阶段性自修,既提升了自有人员输出效能,盘活现阶段人力盈余,又培养了自有维修能力,精准投放资源,向"既能干又会管"的目标看齐。

设备管理部门通过自修逐步提高了维修能力和委外监管能力,体现在以下四个方面:一是通过自己动手检验维修修程的合理性,制定科学有效的维修工艺;二是锻炼技能过硬的强兵,有利于后续新线接管的应对;三是建立技术过硬的维修队伍,可以提高委外管理水平及合同执行风险的应对能力,在合同管理中掌握话语权;四是通过对比自修和委外情况,可提升对委外成本构成及价格合理性的分析能力。

5.4 技术创新应用

广州地铁坚持以科技赋能智慧运维,驱动运营控本增效。为提升专业设备大中修及零部件精细维修能力,形成维修资源集约优势,广州地铁构建前后台维修体系,把原有专业化的设备维修模式分解成前台负责维护及小修、后台负责中修及以上的深度维修。在前台运维方面,积极开展新技术应用推广,努力实现从"人检"向"机检",从"计划修"向"精准计划修、状态修"转变,有力支撑维修规程、巡检周期、生产运作的进一步优化,提升生产运作效率,从而实现降本增效。在后台维修方面,主要通过提升维修工厂自动化、智慧化水平,实现维修共享服务的高质量、低成本。

5.4.1 前台智能运维

在前台智能运维建设方面,广州地铁主要对传统运维中存在的数据孤岛、信息离散、平台封闭、被动响应等问题,全面构建基于状态感知及维修全过程数据的精准维护维修模式,结合设备设施全寿命周期健康管理体系,实现面向线网运营场景需求的智能决策,达成体系迭代的智能运维。智能运维建设以设备设施精准维护维修为导向,结合大数据、物联网、云计算、人工智能等技术手段,进行运维体系变革,从人员、设备、物料、检修、故障、分析、决策等方面实现场景化决策控制,促进运维精准高效,提升前台维保、后台维修及资源调配的衔接能力,以

第5章 精益维修管理实践

及网络化运营下设备设施的健康管理水平。

结合目前线网运营以及后续超大线网可持续发展的需求,广州地铁总结运营多年以来设备系统运用、运营维护管理的经验以及存在的痛点、难点,以新时代城市轨道交通智慧运维管理的理念,为新线建设引入新技术、新发展、新应用提供"需求",同时统一规划既有线路设备系统升级改造的技术方向及深度,以保持超大线网整体的先进性及一致性,确保线网运营安全、可靠前提下,提高运营的效率及效益。一方面,针对既有线智能运维改造,结合中大修、专项改造,以"尽可能地解决既有线难点、痛点,优化线网"为出发点,重点提出受未来新线扩张对运营既有线路影响的设备升级改造需求,结合科技应用规划,从提升安全质量、提升运作效率、节能降耗三大维度前瞻性地提出相关建议需求。另一方面,在新一轮线路规划及建设中,构建具备线网整体接口预留能力的智慧运维体系,充分考虑与升级改造后的既有线路系统的有效匹配与融合,以实现线网级智能化、数字化系统的一致性。面向智能运维建设,各专业均制定了长期发展策略,以下以车辆、供电、工建、信号、机电专业为例进行说明。

（1）车辆专业

车辆专业智能运维的建设将从传统粗放型向精细化转变,从原有各线路基于自身业务需求的建设方式向考虑车辆全寿命智能运维的建设方式进行转变,在新线建设时将智能运维需求纳入用户需求书,从源头制作关键监控数据清单,前后台按业务需求取用数据进行分析,指导各自的维修周期、检修规程编制,实现全过程的智能运维;各中心能充分利用系统数据,并通过规模效益,有效地对厂家进行约束以及控制采购价,同时集中专业资源,充分挖掘系统数据的作用,实现多维度的耦合分析。

应用推广走行部检测系统、轴温在线监测系统、智能车门系统、受电弓监测系统;推进车辆段照明节能环保发展,对路灯库房顶灯、平台灯、办公照明优先采用节能发光二极管(LED)灯及无极灯,实现节能和延长灯具寿命目的。新车辆段洗车机优先采用无人值守自动化洗车机设计。开发车辆运维专家系统,实现列车及设备的互联互通,并将基于场景的车载数据、轨旁检测数据、检修业务数据有效耦合,对城市轨道交通机车车辆状态特征和运行机理进行深度挖掘,形成一套具有列车状态感知与跟踪、故障诊断预警、剩余寿命预测、运维智能决策、作业自动化等能力的智慧系统,保障列车安全可靠、提效节能,实现列车运维精准管理。

典型案例:列车外观故障检测系统

列车外观故障检测系统采用图像算法识别技术,配合高分辨率图像处理技术,通过一系列算法分析、处理、存储技术,对受电弓、车顶、车体及车底设备的安全状态进行分析评估,以图形与报表的形式呈现给检修人员,及时处理故障,提供维修策略优化建议,保证列车安全运行。

(2) 供电专业

供电专业系统设备可靠性较高,但故障影响较大,且设备隐患较难发现,尤其是难以通过故障历史数据分析判断设备的轻微缺陷和劣化趋势。目前检测手段较为单一,难以通过人工巡检及时发现设备缺陷和隐患,状态监测和故障处理较为费时,耗费大量人力物力。

未来的技术方向是通过智能运维系统及数字化变电站、节能变压器等新产品、新技术的合理应用,搭建安全检测技术研究平台、牵引网服役安全及运维保障技术研究平台,进行基于大数据的供电系统全寿命周期管理研究;新线路设置列车制动能量回馈装置,发挥节能功效;偏远的区间跟随所,设置无人监控设备(如摄像头等),节约巡检人力;搭建接触网智能巡检系统、车载靴轨检测系统、接触网故障预测与健康管理平台等智能维修系统,加快智能变电站建设;通过安装巡检机器人、在线监测传感器、智能电子设备(IED)等在线监测设备,实时、在线、连续地对设备进行监测,及时发现存在的设备隐患,实现设备检修模式由计划修调整为状态修,真正实现无人化巡视;搭建保护定值管理系统,可远程修改及投退继电保护装置保护定值。

典型案例:供电智能运维决策系统

供电智能运维决策系统基于统一平台与标准,包含面向运维的新一代电力监控系统、具备故障趋势分析的设备全寿命周期管理系统、采用固定摄像头的图像智能识别系统,从供电系统、二次设备、一次设备、设备运行空间情况等多方位、多角度实现变电所的全景数据感知,经边缘计算处理后在应用层进行多系统功能融合,实现供电系统的智能运维,达到全面自动化、高度集成化、深度智能化、广泛无人化的运维目标(图5-4)。

(3) 工建专业

桥隧线路属于基础设施类设施设备,在智能运维方面,应确保在安全的前提下,鼓励发展线路设备检测技术、道床和道岔设备状态监控技术、作业管理信息技术等。针对小半径曲线钢轨磨耗速率快、减振扣件病害多、短轨枕地段减振效果下降等问题,适当考虑新技术新材料,提升轨道设备状态。通过加装在线监测设备,对关键道岔状态及特殊环境下钢轨温度、伸缩变化等进行实时监测,及时掌握设备状态变化,保障运营安全有序开展。

图 5-4　供电智能运维决策系统

典型案例：道岔钢轨探伤智能监测系统

道岔钢轨探伤智能监测系统基于声发射法对道岔钢轨裂纹及断轨进行实时监测，主要监测对象为钢轨裂纹伤损、脆断及一次性断裂。该系统利用金属和非金属在裂纹的萌生及扩展时释放高频弹性声波形成声波发射信号的物理特征，通过传感器采集被检测岔区轨件发生伤损（裂纹、掉块、断裂等）时伴生的声发射信号，通过特征识别、提取和分析，对钢轨裂纹伤损、脆断及一次性断裂进行预判和报警（图5-5）。

（4）信号专业

结合既有线路当前的运营现状，未来信号系统设备智能运维将围绕大数据平台推动维修模式优化、机器视觉技术构建智能化平台、数字化系统提升基础管理、新产品新技术推广应用、智能监测系统数据深度挖掘五个维度开展实施。

全面提升和完善信号室内外行车设备的监控手段，从重复繁重的工作中解放人力，转而重点关注设备数据和状态的变化趋势，提升设备可靠性。同时针对不具备监测功能的线路，引入监测系统，并将关键设备如电源屏、UPS、转辙机、各类设备继电器纳入监测；对于已具备监测功能的线路，目前的监测测点不完善，部分接口状态无监测点，如既有线路的设备开关量监测中，只有部分设备继电器实现监测，需要增加其他关键设备的状态信息。通过完善监测信息的全面性，使监测系统的功能得到充分利用，方便维护人员快速、准确判断故障点，且结合监测系统可远程读取数据的特点，能大大提高维修人员判断故障的效率。

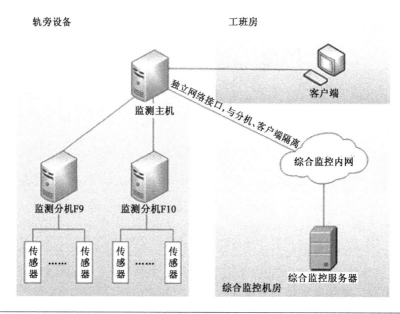
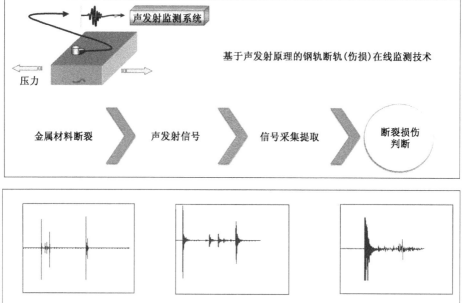

图 5-5 道岔钢轨探伤智能监测系统

典型案例:信号设备房智能监测系统

通过在设备房各位置安装摄像头,实现对设备房内关键设备和设备房整体运行环境的实时视频监测。高清视频主要用于监测关键设备灯位、进出设备房人员、设备房环境情况,并通过电脑对人员、设备灯位进行智能辨识,发现异常立即进行报警,相当于实时对各关键设备灯位进行监视,提高日常巡视的效率及提高巡视的准确度。该系统的智能应急模块还能够将采集到的预警或异常数据推送到指定用户群组中。当无人值守站发生故障时,值班人员能够立即远程查看灯位情况(图5-6),第一时间就可以结合灯位情况初步拟定应急处理方案,提高故障处理效率。

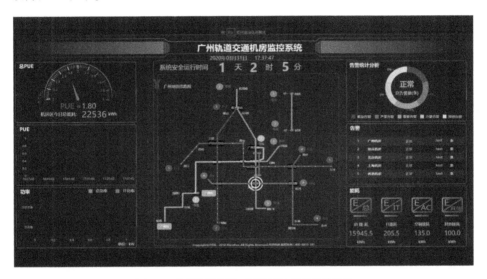

图5-6　广州轨道交通(广州地铁)机房监控系统

(5)机电专业

运用大数据、云计算、人工智能技术,提升AFC系统安全水平、服务质量。通过监测AFC、环控、站台门、自动扶梯等机电设备运行状态,对各类状态数据进行采集、分类、整合分析,建立健康诊断模型,实时掌握关键部件的使用状况,准确进行风险预防报警,提高设备自身运行可靠性。科学投放维修资源,实现设备智慧化的按需状态维修,保障服务安全,为乘客出行保驾护航。

典型案例:智能环控系统

智能环控系统应用变频设备,实现运行参数及阀门开度的精细化调节;基于车站站台、站厅温度、湿度、CO_2浓度等环境指标数据的监控,动态调节环控系统制冷量、送风量,实现环境的智能调节,满足现场舒适度要求,达到节能降耗的目的;具备轴承、风机在线自动诊断、空气质量检测、冷却塔水位监测、皮带轮和塔体维护提醒、空调机组皮带轮维护提醒、冷水机组冷凝器清洗提醒、水系统能效诊断等功能,实现系统设备自动诊断与运维,确保系统高效运行(图5-7)。

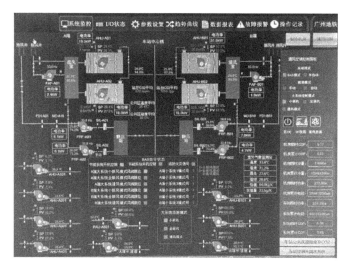

图5-7 智能环控系统

5.4.2 后台智慧维修

广州地铁基于区域化管理及对各区域运营中心完整交付责任主体的定位,进一步明确维修资源共享及前后台分工模式。为提升专业设备大中修及零部件精细维修能力,形成维修资源共享,确立了"前台负责维护,后台负责维修"的设备维修体系,成立基地维修中心,致力于构建技术专业化、技能精深化、业务规模化的维修后台。随着运营年限增加,各专业设备老化、损坏程度不断加快,尤其运营年限超过20年的相关线路,车辆开展改造及车辆架大修、各专业开展系统性更新改造的情况越来越多。在生产运作场地和人员没有大的增长的前提下,需要大力提升后台基地中心整体的劳动生产效率,以满足生产任务提升的需要。

运营后台维修基地开展智慧化基地建设,增强后台维修各专业核心能力,这是保障前台服务、提升产能与效率的关键。结合电客车架大修工艺流程、电客车架大修基地设计工艺布局,广州地铁以整车分解、组装、调试为主线流程,配套各子系统部件的维修支持,建立标准化、精益化、可视化的可持续改善智慧架大修生产线,提升车辆架大修流线生产智能化运作水平。能力建设主要包括两大方面：一是围绕数据资源进行数据采集、清洗、分析、价值挖掘的能力，以及基于数据的车辆健康管理、维修决策能力；二是车辆架大修生产现场的自动化、智能化生产能力。

智慧架大修基地建设对标《新时代城市轨道交通创新与发展》白皮书战略部署，车辆架大修业务以"服务型、引领型"为发展定位，以"数据驱动、智能生产"为发展方向，打造以"深度、精准、直观、高效、智能、协同、安全可靠、绿色友好"为核心特征的车辆智慧架大修工厂。广州地铁紧紧围绕以乘客出行为中心的服务本质、提高优质运营服务保障能力进行创新，通过物联网、云计算、大数据、人工智能等技术手段，对标数字化智造工厂，改善传统运营形式下的数据孤岛、信息离散、平台封闭、响应被动、决策失当等现状问题，综合增强运营管理的多态场景应用能力，满足数字化、网络化、智能化的运营品质要求，积极开展智慧维修建设，为建成维修精准化、业务信息化、生产自动化的深度维修基地持续发力。

（1）智慧化车辆架大修基地建设

主要思路是结合电客车架大修工艺流程、电客车架大修基地设计工艺布局，以整车分解、组装、调试为主线流程，配套各子系统部件的维修支持，建立标准化、精益化、可视化的可持续改善的智慧架大修生产线，实现产能提升、人力节约、质量改善，为运营提供良好的电客车和设备。

目前，线网轮对维修生产线已投产的有鱼珠轮对生产线及官湖轮对生产线；轮轴部件维修生产线已投产的有西塱轮轴维修线、厦滘轮轴维修线、鱼珠轮轴维修线、官湖轮轴维修线、邓村轮轴维修线。针对轮对维修生产线现有工艺配置水平存在的难点、痛点，及后续不断增加的维修及外拓项目需求，现有的轮对产线模式及规模将无法有效响应需求增长的速度，后续新线车辆架大修基地需新增配置轮对智能维修生产线。

以官湖基地为第一步试点，规划形成"一张网、一个平台、四套系统"的智慧化布局，通过应用5G技术提升各生产线间的数据互联互通；开发生产运作管理平台，实时全景管控架大修进度和设备设施状态；建成"轮对智慧维修生产线""空调智能维修生产线"和"杆件自动维修"3条智慧生产线，综合效能提升超25%；设计开发自动导引运输车（AGV）搬运机器人以实现自动化物料传送、无人化运输。

在车辆架大修智能维修升级的系列项目中，"轮对智慧维修生产线"是国内城市轨道交通行业的第一条智慧化轮对维修生产线（图5-8），采用自主设计、厂家配合生产装配的方式，引入了工业机器人、激光脱漆、图像识别等新技术，实现轮对拆装自动化、过程检测自动化、传送自动化。采用智慧化物联网维修模式，可完成轮轴部件维修全过程作业，实现工位集约化、工位流转自动化、维修作业数字化，自动化程度预计可达到70%以上，产能提升超过60%，实现降本增效。生产能耗方面，对比传统产线大型桥式起重机流转模式，智能维修生产线更加节能环保。

图5-8　广州地铁官湖轮对智慧维修生产线

此外，目前车辆架大修车体、离车部件的流转均较依赖人力实现，针对车体、转向架/工艺转向架和离车部件流转耗时长、人力投入大的问题，广州地铁后续将通过在车辆大修库配置自动化工艺转向架、AGV小车、自动化电动转盘、自动化移车台和库房定位系统来解决。在车钩、制动部件、空调、电气部件、车门、部件绿色清洗、运输配送等方面均有智慧化生产线布设，每条维修线均能实现维修工艺管理、过程管控、设备管理、人员管理、设备数据管理、电子履历管理、可视化管理等功能，产线内各设备将自身运行的相关状态信息、报警信息、故障信息、能耗信息等实时监测数据上传至智慧架大修信息管理平台，有效提升产能、改善质量的同时，将大幅降低人力投入，为运营提供良好的电客车和设备运维支撑。

广州地铁在保持整车自主架大修及部件维修核心能力的基础上，扩大规模化生产，拓展车辆架大修及部件维修的深度和广度；深入发展大数据分析能力，开展信息化、智慧化、数字化升级，实现车辆全寿命周期内精准维修；提高项目全过程管理、设备全寿命周期管理水平，建设高效可持续发展的、具备深度核心维修能力的智慧化后台维修基地。

(2)智慧后台生产调度与管控

为有效加强后台生产管控,实时掌握现场生产情况,广州地铁积极开展智慧调度建设,通过智能头盔、移动视频采集设备、视讯云系统、各主厂区布置监控设备等方式,以线网全局视角实现工厂作业和在线作业智慧远程指挥及实时调度,节约厂段间通勤工时投入超80%,为安全管控、质量提升提供了可视化的手段。广州地铁车辆基地维修中心智能监控平台如图5-9所示。

图5-9　广州地铁车辆基地维修中心智能监控平台

电子部件维修业务目前已使用部件修管理系统,可实现电子部件的中(架)大修、可靠性维修、故障修、检测测试等全流程管理。业务流程包含电子部件的接收、接修、维修、测试、专检、验收、发货等,初步实现了电子部件生产信息化运作。

部件修业务目前存在的问题是各专业维修班组直接对接各运营中心送修和维修,各班组"小作坊式"维修比较零散,维修部件品种非常多,没有有效聚焦,因而很难形成流水线式、规模化生产。广州地铁以提升维修效率和质量为发展目标,对生产流程实行工厂化、标准化、数据化、信息化、智能化建设,建设电子维修站级综管平台,对接中心级综管平台。综合管理平台下设5个智慧化管理业务:生产、安全、质量、技术、计量化验监测(图5-10)。

①生产管理业务

生产管理业务依托物流管控平台系统(LMIS)部件修管理系统完成生产管理业务。综合管理平台对生产数据进行整合,呈现生产计划、生产现场各流程节点信息(接收件、库存信息、待维修、正在维修、已修复未验收、已验收、修复入库、打包发货、取件确认)。

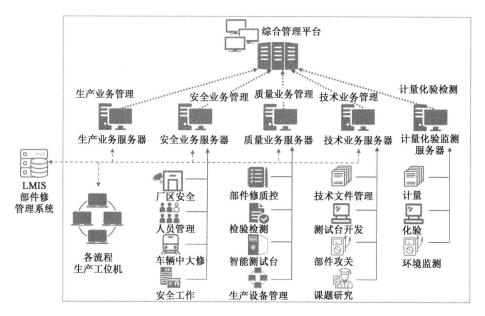

图 5-10　综合管理平台

②安全管理业务

该业务主要为安防监控业务,即在厂区范围内安装安防监控设备,通过安防系统,对厂房进行安全管理。

③质量管理业务

质量管理业务分为四大块内容。

部件修质控:主要包括管理各个环节的质检信息(自检、互检、专检、验收等),收集整理异常数据,生成质量月报,以便于质量模块进行把控;同时定期生成部件返修数据,供质量模块开展返修分析跟踪工作。

检验检测:检验并上传物资来料检验报表图像(物资来料包含全面预算到货物资、框架采购合同中相关物资、零部件框架采购合同中相关物资、自购自提物资等)。

智能测试台管理:使用二维码表单将测试数据上传维修系统(数据包含维保记录开展情况、在线状态等)。

生产设备管理:主要管理台账、计量器具送修、状态监控数据等。

④技术管理业务

技术管理业务分为四大块内容。

技术文件管理:主要包括各项标准规范管理(验收标准、工艺、维修规程、维保规程、攻关资料、可靠性维修方案等),技术文件编制修订(技术文件编制计划及开展情况、技术文件修订情况)。

测试台开发:主要包括测试平台/装置管理,新测试台/装置开发计划及开展情况、旧测试台升级进度。

部件攻关:主要包括电子部件攻关库管理(台账、入库认定、出库验收、攻关进度等),各技术员、技师攻关计划及开展情况。

课题研究:主要包括各技术员、技师课题计划及开展情况,课题研究输出成果及应用情况。

⑤计量化验监测业务

计量:以提升计量管理效率为目标,以实现全项目的智能检测为途径,对运营总部范围内的计量器具的送检、检测、配送、统计、质量跟踪、全生命周期的监控与管理,减少其受到的人为干预,提升其智能化程度。

化验分析:以提升检测效率和质量为发展目标,对检测流程实行数据化、信息化、智能化管理。首先需要搭建完善的、可投入生产运行的化验信息化系统,以样品检测过程为主线;其次,在数据输入环节实现在移动端录入数据,使自动化检测设备检测数据能够直接导入信息化系统中;最后,信息化系统通过多年检测数据的积累,能够进行数据统计,实现样品的趋势分析、质量跟踪、监督等数据管理与分析的功能。

环境监测:通过将各个站点环境监测数据录入到系统平台,形成报表,通过数据统计、分析、跟踪等,对环境监测工作进行信息化管理。

此外,在综合大修、工程项目管理等方面,结合各专业业务体系及专业深度需求,围绕维修精准化、业务信息化、生产自动化、大数据应用等方面,制定智慧化建设方向,围绕内部信息管理平台开展各专业信息化系统建设工作,便于更好地形成评估检测、智能运维管控、智能化全寿命管控体系,以满足状态性维修对现场维修作业及设备设施的信息收集的需求。

5.5 小 结

未来,广州地铁将进一步深入研究差异化维修工作,推进分级管控的差异化维修实施,结合设备设施全寿命周期健康管理、在线监控、故障预警、大数据分析、集成设备实时感知等智能维修手段,逐步形成差异化精准维护维修模式;同时,进一步丰富和完善差异化维修的研判因素,例如不同时期、不同区间的客流、线路运行多种环境因素、设备选型、设备运用工况、历史故障情况、检修资源情况等,建立差异化理论计算辅助平台,结合实际应用情况,提出更合理的差异化维修方案。

广州地铁将继续鼓励创新,持续完善技术创新应用的机制体系;以新一代人工智能技术为核心,以乘客和设备为对象,持续搭建并完善数据驱动的新时代先进城市轨道交通运维管理体系,以智能运维支撑的精准维修模式逐渐替代传统的主要依赖人工的维修模式,实现从预防性维护向状态修过渡,达到有效降低人力成本、提高维修效益的目标。同时,做好前沿科技跟踪与储备,关注新技术、新材料、新工艺、新设备等在城市轨道交通应用的趋势,开展前瞻性技术与创新运营服务的结合研究,推动互联网、物联网、人工智能等新兴技术与轨道交通运营服务的跨界融合,打造"服务型、引领型、融合型、持续型"的智慧城轨运营基础设施平台,全面构筑精准高效的运营管理体系,为更加安全、可靠的运行提供必要保障。

第6章
节能降耗绿色发展

城市轨道交通系统能耗成本一般占总运营成本10%左右,能源消耗量大,拥有较大的节能降耗空间。广州地铁承担了广州市近六成的公共交通出行量,运营业务的发展一直秉持绿色、低碳、可持续理念,在运营生产中不断挖掘节能潜力,应用节能新技术,适时开展节能改造,严格控制能耗,有效提升运营能效管理水平,以实现降本增效目标。本章从牵引能耗和动力照明能耗管控出发,系统梳理广州地铁运营企业在节能降耗方面的创新举措与实践情况,并结合典型案例对相关管控措施进行深入剖析。

第6章 节能降耗绿色发展

6.1 概 况

从2021年广州地铁运营能耗构成看,牵引能耗占比54%,该能耗主要是系统为列车提供牵引电能产生的;其次是车站动力能耗占比35%、照明能耗占比6%,办公能耗占比5%,这些能耗是系统为车站、车辆段提供生活、办公、生产、服务所需用电(图6-1)。动力和照明能耗主要由通风空调、照明、自动扶梯等设备产生。其中,通风空调能耗约占车站能耗的40%,是车站的主要用电设备,也是节能降耗工作的重点。

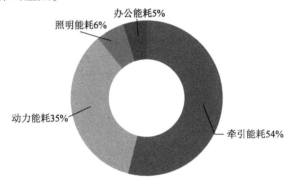

图6-1 2021年广州地铁运营能耗构成

近年来,广州地铁秉持"合理用能、量化控制、持续改进、创新发展"理念,以保障安全生产、保持运营服务水平等为前提,通过管理及技术手段,不断挖掘节能潜力,积极推广应用节能技术,合理制定节能管控措施,整体提升节能管理水平,努力降低地铁各项单位能耗,全面提升地铁运营能效水平。根据中国城市轨道交通协会统计规则,反映牵引能耗控制水平的指标主要有每人次牵引能耗及每人公里牵引能耗,指标值主要受线路规模、车辆型号、车辆编组、车站间距、客流量、运输组织等因素影响。从牵引能耗管控效果看,广州地铁每车公里牵引能耗从2016年的2.6千瓦时/车公里逐步下降到2021年的2.26千瓦时/车公里,降幅约13%;在国内城市轨道交通线网规模大于300千米的运营企业中,该指标值相对较高(图6-2),这与广州地铁部分线路采用能耗较高的L型直线电机车辆以及编组数小等因素有关。

2016—2019年,广州地铁每人公里牵引能耗在0.035千瓦时/人公里左右,2020—2021年受疫情影响,线网客流量明显下降,每人公里牵引能耗有所上升,达到0.045千瓦时/人公里(图6-3)。2021年广州地铁该项指标表现较好,主要与广州地铁的客流强度大和采取了匹配客流规律的精准运输组织等因素有关。

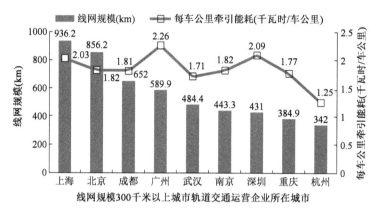

图 6-2 2021 年线网规模 300 千米以上城市轨道交通运营企业平均每车公里牵引能耗情况

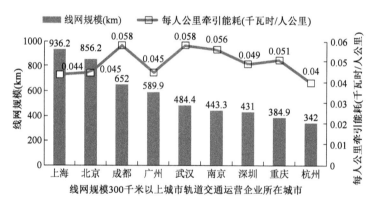

图 6-3 2021 年线网规模 300 千米以上城市轨道交通运营企业平均每人公里牵引能耗情况

在中国城市轨道交通协会统计规则中,反映动力和照明能耗的指标为站均动力照明能耗,该指标为线网平均每站每日的动力和照明能耗,该能耗与通风空调系统的耗电量有较大的相关性。从 2021 年线网规模 300 千米以上的城市轨道交通运营企业站均动力照明能耗排名来看(图 6-4),2021 年广州地铁站均动力照明能耗为 6260 千瓦时/(站·日),排名中游,这与各城市地理位置、线网规模和车站类型、空调季节持续时间、设备选型等因素有关。

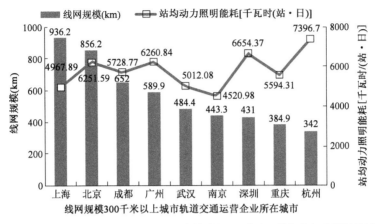

图 6-4　2021 年线网规模 300 千米以上城市轨道交通运营企业站均动力照明能耗情况

6.2　牵引节能管控

城市轨道交通线网用电能耗占比最大的部分是牵引能耗,共占总用电能耗的 50%~60%,与车辆选型、行车密度、设备性能等多种因素相关。广州地铁从管理方面和新技术方面持续挖掘节能潜力,采取多项有效措施节能降耗。

6.2.1　主要举措

(1) 实行精准高效节能运输组织

结合地铁线网客流时空分布特征及线路配线设置情况,持续开展运输优化调整,实施精准运输组织。通过大小交路、不均衡运输、快慢车等不同交路模式的灵活运用,在满足现场客流需求的前提下,最大程度地提升运能利用率。采用降低巡航速度加惰行的节能牵引模式,通过缩短停站时间、增大发车间隔等不增加上线列车的方式,减少非高峰期牵引能耗。

(2) 推广车辆节能低碳技术应用

新开通线路车辆:采用铝合金车体、轻量化设计,减轻车辆自重;采用变频调速(VVVF)交流牵引系统、永磁同步电机、碳化硅材料变流器、中高频辅助逆变器,取消车载电阻;采用再生制动技术将一部分动能或势能转化为电能,并加以储存或利用,并通过发电机将其转化为电能。空调系统采用变频空调或具备多级调节功能,能够根据载客量调整温度设定值。照明系统中头灯及客室照明采用 LED 灯具,在高架或地面线路运营车辆的客室照明设备具备自动光感调节功能。

既有线路车辆:结合车辆架大修,开展牵引、空调、照明系统节能技术升级改造,积极应用永磁同步电机创新技术、碳化硅技术等。

(3)优化列车牵引节能曲线

深入挖掘车辆、信号节能潜力,充分利用列车自动控制(ATO)系统节能运行策略中的多种运行曲线。在可接受范围内增加旅行时间,通过编制运行图,设定列车区间运行时间,使列车自动选择相应的速度曲线以达到节能的目的,在准点、旅客舒适度以及节能等方面达到平衡。

6.2.2 典型案例

广州地铁在运输能力设置方面以满足乘客需求为目标,结合客流在空间、时间上的分布特点,实施精准运力投放,并在满足客流需求条件下考虑运输成本。当最大运力无法满足需求时,原则上以设备的最大能力安排运力;当最大运力能满足需求时,按"以需定运"原则,分别对高、中、低峰期满载率设置合理控制标准,灵活安排运力。

(1)适配高峰客流压力的最优运力配置

通常高峰时段采用最大能力安排运力,为充分发挥最大运力对线网运营最优效果,应组织开展"点、线、网"能力匹配评估,对高峰运力合理布控,适配高峰压力实现精准运力投放,最终实现高峰运输资源的最优配置。

首先是客流预测。工作日、重大节假日和大型活动等引起的常态化和非常态化的大客流,容易造成车站候车、滞留乘客接近或达到车站服务设施设备的设计能力,严重影响乘客的出行。工作日、重大节假日和大型活动的客流预测是实现精准运能投放的重要基础依据,可通过历史客流数据,采用增长序数法和灰色预测模型实现。

其次是车站能力匹配与评估。重点选取进出站效率、进出站能力利用率和高负荷设备设施比例三种评价指标,建立车站指标的聚类中心和隶属度矩阵,并利用模糊综合评价的方法对车站整体能力匹配进行评估与瓶颈识别,最终识别出线网各车站的能力状态处于优、良、中、较差或差,并结合现场情况判断出车站实际能力。

再者是线网运能匹配与评估。通常选取区域网络客流量(主要是车站客流量)、拥挤区间的数量和满载率的分布情况等评价指标。评价指标可评价线网运能匹配水平,反映站、线、网瓶颈,同时可以作为路网优化配置的目标值,在明确路网评估指标阈值后,当指标降低时说明优化有效。

最后是列车运力精准投放组织。在对站、线、网进行能力评估后,结合客流实时变化情况,在客流拥挤瓶颈处,通过增加列车上线、临时调整列车折返点等方式,可将运力及时精准投放至需要的拥挤区段。常见的精准投放组织方法有空车定时定点投放、列车在部分站点载客越站等。

以广州地铁 3 号线为例:在工作日晚高峰,根据历史进出站数据、地铁车站通过能力得到进出站能力利用率,根据视频调研数据得到进出站效率、高负荷设备数量,采用模糊 C 均值聚类方法,得到广州地铁 3 号线体育西路站在 18:50 到 18:55 期间的运行状态为较差(即较拥挤)状态。再根据工作日晚高峰车站客流量、线网拥挤区间的数量和满载率的分布情况,可得出广州地铁 3 号线体育西路站上下行区段满载率较高,在体育西路—珠江新城区间满载率为线路最高。根据车站能力及线网能力匹配情况评估结果,广州地铁 3 号线组织列车运力精准投放。比如在工作日晚高峰间隔,抽取部分列车从天河客运站空车至体育西路上行载客,疏导体育西路站的换乘大客流。

(2)中低峰运力的运输管控成本优化

当中低峰运输能力满足实际的运营需求时,应当尽量优化行车组织,提高系统效率,降低运输成本。在满足政策要求的前提下,以实际客流指标为参考值,以降低运营里程、牵引电费、司机成本及维修成本等运营成本为目标,确定优化指导原则,优化不同线路及时段的差异化运力。在保障乘客服务水平的同时,结合成本管控要求在线网分阶段实施相关优化方法,并根据反馈情况、客流实时变化对优化方法进行动态调整。

一是认真分析运营成本与运力的关系。城市轨道交通日常运营成本是日常运营中出现的各类经营性支出,包括运营能耗成本、人工成本、运营费用、维修费用及其他附加费用等,其主要受车站规模、运营线路、客流量、运输能力等诸多因素影响。

二是对标政策寻求运力优化方向。缩减运力最直接的举措为,在合理范围内通过减少上线列车来增大列车运行间隔。对标《城市轨道交通技术规范》(GB 50490—2009)(此标准将于 2023 年 3 月 1 日被《城市轨道交通工程项目规范》(GB 55033—2022)替代)和《城市轨道交通行车组织规则》(JT/T 1185—2018),列车在运营时段正常运行时,最大运行间隔不应大于 10 分钟,部分时段不受限制。然而城市轨道交通企业在实际运营中,中低峰很多列车满载率不高,一定程度上造成运能浪费,使得线路运营处于亏损状态。因此,在中低峰时段减少上线列车以增大列车最大运行间隔是实现运力优化的一个重要方向。

三是通过有针对性地减少上线列车来优化运力。线网中低峰时段各线路因客流量不同、运力不同而满载率不同,在最大运行间隔小于10分钟的前提下,市中心线路满载率相对较大,而市郊线路满载率一般处在较低水平。因此,通过减少市郊线路上线列车来减少运力输送,一定程度上可以减少运营成本。

四是根据乘客服务水平动态调整。网络运输服务评价是运力调整效果的直接体现。增大列车运行间隔会使乘客体验感变差。在乘客服务水平达到相关要求的前提条件下不断进行动态调整,达到运力最优,实现成本降低。

以广州地铁为例:截至2021年底,运营线路中仅有2条线路列车运行间隔大于10分钟,通过运力优化,按满载率控制在50%~70%且白天中峰时行车间隔不超10分钟、收发车时段市郊线路行车间隔不超过12分钟为原则进行优化。

工作日中峰:各线路满载率均在60%以内;除7号线外,各线路可减少1~8列上线车;减车优化后,各线路满载率均能控制在70%以内。

周六日中峰:除3号线、7号线、广佛线外,各线路减少1~8列上线车;优化后,满载率均控制在70%以内。

工作日晚低峰:1号线、2号线、4号线、6号线、8号线、9号线、13号线、14号线及21号线可减少1~4列上线车;减车优化后,各线路满载率均能控制在70%以内。

周六日晚低峰:4号线、8号线、9号线、13号线可减少1~2列上线车;优化后,满载率均控制在70%以内。

6.3 动力照明节能管控

运营动力用电主要指车站设备用电,包含环控系统设备、电扶梯、站台门、通信设备等。运营动力用电能耗约占总能耗的30%~40%。照明系统是维持地铁正常运行的重要组成部分,主要与车站的通风、照明及各段场、控制中心的办公用电情况相关。广州地铁不断优化环控模式,通过隧道通风系统节能优化、轨道排风机运行优化、冷水机组运行时间优化以及环控节能技术改造等系列措施,降低通风空调能耗;通过合理选取灯具和控制方式等措施,提高灯具照明效率,减少照明用电量,有效降低照明系统能耗。

6.3.1 主要措施

(1)开展车站精细化节能管控

完善节能管理体系,细化车站节能管理,结合线路车站特点,规范车站环控、照明、电扶梯系统设备等运行时间和运行模式。细化节能管理颗粒度,在线网各车站全面推行"节能一站一方案",推广节能管理措施,优化能效管控重点,加强节能目标跟踪,加大节能检查力度,减少运营生产过程中的能源浪费。

完善车站"节能一站一方案",在满足运营服务需求基础上,继续针对市郊线路车站客流少的特点,对车站通风模式、制冷温度、照明照度、电扶梯数量等设备设置参数、设备运行时间、设备运行模式进行细化调整。同时,各站方案也应针对不同季节进行差异化的设定。

(2) 提升节能管理数字化水平

完善能源计量体系,持续校核、维护已配有能源管理系统的线路,提高能源管理系统利用率;对未配置能源管理系统的线路结合设备维修周期进行升级改造。充分利用能源管理系统,制定站级分类能耗指标。结合能源管理系统分类能耗数据,将能耗评价指标对标工作落实到日常车站能耗管理,对能耗较高的线路、车站、系统进行精细化分析、管控,使各项节能工作得到积极响应和落实。开展节能成效评估,总结新技术应用成果与经验,在后续既有线改造和新线设计、建设中进行推广使用。

(3) 开展环控系统节能技术改造

目前广州地铁大多数车站的风机和水泵为定频,空调系统能效偏低,在节能技术改造中重点考虑对风机和水泵变频改造、组合式空调机组改造、能耗高的分体空调更换、直接蒸发式空调系统应用,以及环控风水联动节能控制改造等。对于已达到一定使用年限的空调系统大修,系统考虑整体能效提升,推广智能高能效空调系统。

在车陂南站环控系统节能改造试点项目中,广州地铁在国家积极鼓励推行合同能源管理模式的情形下,创新采用能源托管服务采购方式,开展环控能源托管服务采购,提升环控设备能效水平,改善车站环境和服务水平。改造后,车站公共区闷热情况得到较大改善,服务质量明显提升。2019 年住房和城乡建设部科技与产业化发展中心组织专家组对技术成果进行了鉴定,认为车陂南站环控系统节能技术创新改造项目的关键技术整体处于国际领先水平。该项目使广州地铁取得多项拥有自主知识产权的软件著作权和专利,相关技术已纳入广东省、广州市发布的节能技术应用推广目录。

(4) 开展照明节能技术改造

照明节能技术改造通常采用新颖、高效、节能的新光源和电子式镇流器以及先进的节能控制器,用优质的反射器(开关)代替落后质差的反射器(开关),在不同的场合选用先进合理的照明节电技术,以节约照明用电,减少对环境的污染。例如：在地面站、高架站、车辆段实现照明自动控制调节、照明回路优化、各区域回路及各回路开关独立设置；优化车站广告灯箱照明开启、关闭时间；车站出入口、车站面积、建筑结构充分考虑节能因素。

(5) 积极引入清洁能源

充分利用车辆段、停车场、交通枢纽、地上车站屋顶及立面等场地空间，建设分布式光伏电站，安装光电转换效率高的光伏发电设施，推广光伏发电与建筑一体化应用。

6.3.2 典型案例

(1) 光伏发电

为适应国家能源绿色低碳转型，广州地铁大力应用清洁能源，减少使用化石能源，结合电价改革政策，布局储能、蓄冷技术，充分利用车辆段、停车场、交通枢纽、地上车站屋顶及立面等场地空间，建设分布式光伏电站，安装光电转换效率高的光伏发电设施(图6-5)；推广光伏发电与建筑一体化应用，计划到2025年，新增光伏装机容量达19MWp。

图6-5 高架车站屋顶分布式并网光伏发电设施

广州地铁在14号线及21号线的6个高架站采用高效多晶组件构成约208kW的光伏系统，通过自发自用方式通过两个低压并网点接入用户侧低压电网并网运行，总装机容量为1.326MWp，年平均发电量为140万千瓦时。

2018年启动的鱼珠车辆段屋面光伏电站项目是目前国内规模最大的结合地铁交通的分布式光伏电站项目(图6-6)。利用鱼珠车辆段屋面面积约7万平方米，建设装机容量不小于5MWp的屋面光伏电站，采用分块发电、集中并网方案，根据厂区建筑总平面布置图和变配电所布置图，将系统分成若干个单独的并网发电单元。汇集屋面太阳能的光伏方阵,经逆变后直接并入厂区内部变电所的33kV母线上,余电回馈至33kV环网系统。这是广州地铁首次大面积应用光伏发电技术、首次应用合同能源管理模式。项目由合作单位全资建设及运营,广州地铁以优惠价格购电。该项目的实施有利于实现科学用能、智慧减排、降低运营成本。项目年平均发电量能达到450万千瓦时,实现节能降耗、绿色可持续发展的目标。项目发电将引入地铁线网,在满足车辆段全年用电的前提下,剩余部分供5号线使用。

图6-6　鱼珠车辆段光伏电站项目(利用检修库屋面)

(2)环控能源改造

降低车站空调系统能耗的方式:一是更换高效的空调设备;二是对空调系统进行节能运行控制;三是更换高效空调设备的同时进行节能调节控制。对于建成时间较早的车站,可以采用第一种方式或第三种方式,对于新建地铁车站或建成时间不久的车站,可以采用第二种方式。进行节能控制的空调系统相对于没有节能控制的空调系统,能耗降低10%~30%。

广州地铁2017年在车陂南站开展环控系统节能改造示范项目(节能控制系统主界面见图6-7)。通过精细化空调负荷计算等,选择高效节能设备,优化管路设计,匹配系统各设备及管路,并研发相关软件工具。第一次改造项目在2017年3月投入运行,第二次改造项目在2018年3月投入运行,经历了两个空调季,且高峰系统负荷达到设计负荷,投入运行约2年。从实际开机运行效果来看,制冷机房全年综合平均能效达到5.87,空调系统全年综合平均能效达到4.31,达到甚至超出设计水平,无论从美国制冷学会的推荐标准还是从我国的公共建筑节能标准来看,都是非常高的能效水平。

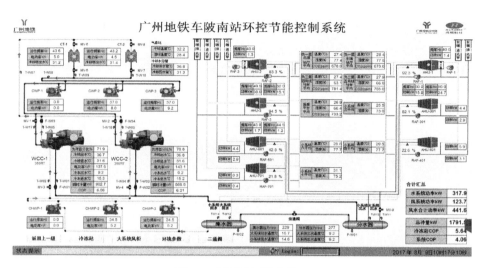

图6-7 节能控制系统主界面

车陂南站环控系统节能改造示范项目根据地铁车站空调负荷的特点,研究了环控系统能耗特征和定量化性能评价新模型,进行了全方位的节能控制工艺研究,研发了地铁空调节能控制系统(节能控制系统构架见图6-8),采用了节能高效、高可靠性的设备(变频螺杆高效冷水机见6-9),同时通过精细调试使设备运行在可靠区间,减少了运营维护工作量。该系统可根据室外气象条件、客流条件自动调节运行,真正实现了空调系统运行的智能化,减少了手动开关调节的工作量。该项目首创了地铁空调系统云数据平台,践行了全自动运行与远程智能管理模式,结合大规模调研建立了地铁站全寿命周期能耗数据库,奠定了城市轨道交通行业空调系统能效评价体系,促进了标准化工作的开展。

基于车陂南站环控系统节能改造示范项目的先进技术和成果,在国家积极鼓励推行合同能源管理模式的情形下,广州地铁正大力推广环控能源托管服务采购项目,提升环控设备能效水平,改善车站环境和服务质量。目前,3号线、5号线环控系统将开展技术升级改造,全面应用车陂南站高效空调系统技术,对全线车站环控系统中的冷水机组、水泵、冷却塔、空调柜等主要耗能设备进行精细化设计和施工改造,同时将环控系统部署在广州地铁穗腾OS(操作系统)平台上,利用大数据分析及人工智能技术进一步提升节能效果。

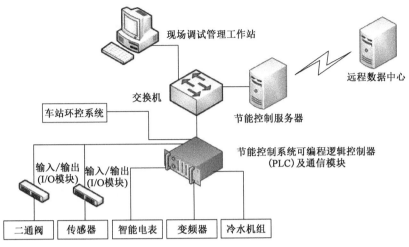

图 6-8 节能控制系统构架

图 6-9 变频螺杆高效冷水机

6.4 小　　结

持续开展运营节能降耗是城市轨道交通运营企业可持续经营的重要举措，必须深入挖掘节能潜力，持续提升能源利用效率，加快建设绿色低碳标准体系，大力推广节能降碳技术，积极推进绿色低碳科技创新。

在节能技术改造方面,要多举措、齐发力,推进各项节能改造落地。设备节能要从系统总体考虑,节能技术应用要分析投入产出比,结合设备大、中修开展统筹考虑,优先考虑节能产品和新技术应用;在设备更新改造及中大修立项过程中,节能指标要作为重要技术考评指标,在维修改造的同时提升设备能效;创新引入能源管理合作模式,既减少初期投资压力,又推广节能技术应用。

第7章
多元业务创收探索

运营好,也要经营好。广州地铁在持续做好控本增效的同时,通过多元业务开源增收是保障经营效益的必经之路。对内,通过提供安全、准点、便捷的运营服务,使线网乘客满意度始终保持优秀水平,不断提升品牌声誉,深入挖掘品牌价值,开展创效增收的营销活动,稳固乘客票务收益,挖掘地铁场景的经营潜能;对外,全力打造全链条运营外拓产品,向广大城市轨道交通市场输出优质的运营服务,提高经营效益。

7.1 品牌价值赋能

随着社会经济的发展、消费结构的持续升级,出行者对出行品质的关注与要求也越来越高。维护好本地线网运营"基本盘",做好本地客流服务及品牌营销,既是对票务收益的保障,也是筑牢广州地铁品牌声誉、打响广州地铁外拓品牌价值的关键之处。

为此,广州地铁高度重视品牌价值的打造,贯彻"全程为你"的品牌理念,以乘客需求为导向,综合社会效益与经济效益,围绕市民全出行路径,搭建运营品牌发展蓝图及品牌谱系(图7-1),形成可持续发展的品牌战略。广州地铁以年为单位规划品牌发展及实施路径,持续打造具有地铁特色、广州特色的品牌系列活动,通过品牌营销活动建立消费者情感认知。

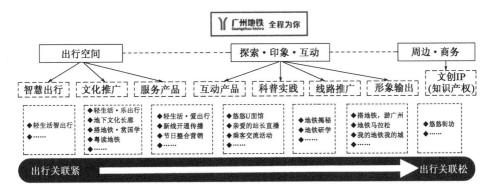

图7-1 广州地铁运营品牌谱系

7.1.1 建立全链条大服务

车站服务方面,广州地铁围绕乘客出行过程中接触到的全链条服务,建立了由服务产品、服务场景、服务人员、服务文化、增值服务、服务反馈6大部分、共计60项细化分项标准构成的大服务管控体系服务标准(图7-2)。

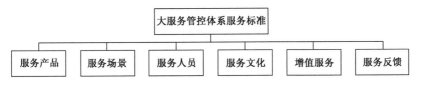

图7-2 大服务管控体系服务标准结构

在服务产品方面,以满足乘客需求为目标,结合运输能力、客流分布等合理规划运输组织,保障运营安全可靠、便捷高效、经济舒适。具体服务标准包含运行安排、运输组织及运行安全等方面。

在服务场景方面,建立乘客搭乘地铁全过程中接触到的各种有形的物理"建构环境"相关的服务标准,包含:基础设施标准、设备设施标准、乘客界面标准、服务环境标准及客运组织要求等。

在服务人员方面,建立工作人员在乘客服务区的行为规范和处理乘客事务时的工作标准,包含服务意识标准、着装标准、仪态标准、语言标准、行为规范、乘客事务处理标准、应急事务处理标准。

在服务文化方面,以阳光文化为主线,秉承"至诚至爱,知心贴心"服务理念,为市民、城市和社会贡献充满热诚的温暖正能量,努力打造"地平线下的阳光",从乘客交流活动、文化产品、文化宣传三个方面进行实践。

在增值服务方面,保证乘客基本服务的同时,结合乘客需要,提供超出常规服务范围的延伸性服务。广州地铁增值服务主要围绕便民服务、商业服务、公交衔接三方面,为乘客提供丰富的便民生活服务。

在服务反馈方面,重视乘客或上级主管部门、内部主管部门对服务水平所作出的评价,如乘客意见、行业或内部评价等,具体包含乘客事务、满意度评价、服务质量评价、内部评价等。

通过标准的建立与实施以及不断地评价和改进,形成服务闭环,持续提升乘客出行体验,增强客户黏度及品牌认可度。

7.1.2 远郊线路营销引流

随着广州地铁14号线、21号线开通运营,城市轨道交通线网贯通广州市11个区,实现新的跨越。郊区线路的陆续开通给票务收益带来严峻挑战。开通线路客流增长需要经历长期的培养,既有线依靠人流聚集的传统经营模式难以满足新开通郊区线的经营需要。

广州地铁通过对郊区线路沿线区域深入分析研究,充分利用沿线丰富的高新产业、房产、旅游、科技、人文和商业等资源打破瓶颈,挖掘、满足市民需求,打造远郊线路地铁生态圈。结合传统节日或时事热点,开展"植树节,地铁游穗郊""给'荔',地铁带你品荔香"等出行类品牌营销活动,打造"搭地铁,游广州"系列活动,有效吸引弹性客流增长、稳固票务收益。

7.1.3 紧抓活动效益转型

2020年以来,受全球经济下行和疫情影响,对于品牌活动的实施,广州地铁更加关注活动效益,加快了营销活动转型的进程。

广州地铁以挖潜增效为目标,主动创新求变革,积极拥抱直播、短视频等新型、有效的新媒体营销手段,优化一批传播力度较差的线下活动,升级一批轻量化、小而美的线上活动。广州地铁充分发挥地铁场景优势,扩大地铁"朋友圈",积极联动外部资源"共舞",加强与外部优质企业的合作共赢,带动广告签约、创效增收、互惠互利,实现协同广告经营收入。仅2021年全年,广州地铁共开展品牌营销活动274项,发布短视频307条。在营销成本降低的同时,实现活动触达量6244万人次,官方抖音账号粉丝量超20万人,微博粉丝近200万人,微信订阅号粉丝超500万人,为内部挖潜、多元业务创收奠定了良好的基础。

7.1.4 创新开发研学实践

为响应教育部、国家发展改革委等11个部门《关于推进中小学生研学旅行的意见》(教基一〔2016〕8号),广州地铁联合研学机构,以地铁线网为基础,围绕"科技+人文+红色"主题,创新开发了地铁科普研学产品,以冬令营、科普实践营等形式,让中小学生走进车站、车辆段,探究地铁奥秘、体验地铁模拟驾驶,使地铁文化实实在在地"飞入寻常百姓家",实现资源共享、产品互补、市场互动、客源互流等多赢发展。自2021年11月签订第一个研学项目起,不到一年的时间,广州地铁已组织研学实践项目40余期,累计1400人次参加地铁研学团,合同金额累计超500万元,真正实现了社会效益和经济效益"双赢"(图7-3)。

图7-3 广州地铁14号线研学实践项目

7.1.5 构建文创产品矩阵

广州地铁文创从2010年起步,通过对地铁文化内涵、元素提炼、形象输出等进行系统规划,以地铁场景元素为核心构建产品矩阵,实践不同产品形态,满足消费者对文创产品创新和实用相结合的新层次需求。

十几年间,广州地铁文创从收藏走向大众生活,开发了300款以上产品。仅

2021年,广州地铁推出近60款新品,销售突破800万元,并通过与广州医药集团有限公司(广药集团)、越秀地产股份有限公司、珠江实业集团有限公司、中国交通建设集团有限公司、广州陶陶居有限公司、南越王博物馆等单位强强联合,创新产品形式,形成品牌合力。其中,中秋节前夕推出的"广州地铁×陶陶居"月光宝盒月饼(图7-4),凭借可爱的列车造型,成为中秋网红产品,产品先后加单6次,共销售35600盒。

图7-4 "广州地铁×陶陶居"月光宝盒月饼

广州地铁把地铁列车元素和"悠悠家族"形象融入到乘客日常用到的亲子类产品中,如线路包袋及文具、悠悠街坊及线路主题水杯,使得文创产品更加接地气,走入市民日常生活。2021年,广州地铁打造全国首款毛绒立体纪念卡,单款"爆品"年度创收近百万,创新交通卡的开发模式(图7-5)。

图7-5 列车元素文创产品

2021年,广州地铁文创走进广州塔,加入广州文创联盟,实现渠道强强联合,并且在新线站内设立了地铁文创产品展示橱窗(图7-6),将地铁元素与岭南文化深度结合,打造成车站网红打卡点。

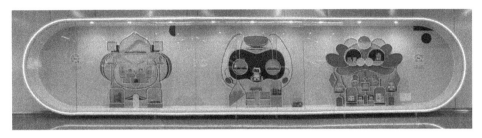

图7-6 文创产品展示橱窗

7.2 多元业务创收

在持续深耕广州市城市轨道交通线网运营的同时,广州地铁依托深厚的行业经验积累,背靠2万多名多学科结合、专业性强的运营人才队伍,较早地起步外拓经营。2010年,广州地铁便已承担起广佛线的委托运营职责,随后的十几年时间里,广州地铁先后向十余家国内外地铁运营企业输出综合联调、运营演练、试运行及初期运营、运营管理、部件维修等技术支持服务,服务足迹遍布西安、苏州、长沙、佛山、宁波、南宁、福州、珠海、郑州、东莞、南昌、厦门、贵阳、兰州等城市,以及马来西亚、巴基斯坦等国家。多年的技术积累,丰富的运营管理及项目落地经验,广州地铁已发展成为专业领先的城市轨道交通运营解决方案服务商(表7-1)。

广州地铁运营业务部分对外拓展项目　　　　　　　　　　表7-1

年份	项目
2011年	西安地铁2号线机电系统综合联调及运营演练技术服务项目
	苏州轨道交通1号线工程联调咨询服务项目
2012年	马来西亚SCS公司动车组维保咨询项目
2013年	长沙轨道交通2号线一期工程运营管理咨询服务项目
	西安地铁1号线机电系统综合联调及运营演练技术咨询项目
	苏州轨道交通2号线工程综合联调咨询服务项目
	广佛地铁二期车辆、信号咨询及监造服务项目
	宁波地铁2号线一期工程车辆、信号咨询及监造服务项目
2014年	珠海有轨电车运营咨询项目

续上表

年份	项 目
2014 年	海珠有轨电车试验段开通筹备项目
2015 年	南宁轨道交通 1 号线合作运营服务项目
	福州地铁 1 号线工程运营技术保障项目
2016 年	广佛地铁二期工程机电系统综合联调及运营演练技术服务项目
	广佛地铁二期工程接入改造技术服务项目
2020 年	巴基斯坦拉合尔轨道交通橙线项目行车及技术支持咨询服务项目
	南昌地铁 3 号线工程(B 部分)政府和社会资本合作(PPP)项目运营筹备保障服务项目
	南昌地铁 3 号线工程(B 部分)PPP 项目运营管理技术文本服务项目
2021 年	南昌地铁 3 号线工程(B 部分)PPP 项目运营保障服务项目
	长沙轨道交通 6 号线工程(B 部分)PPP 项目运营筹备(含文本服务)项目
	长沙轨道交通 6 号线 B 部分工程车辆和检修工艺设备监理服务项目
	长沙轨道交通 6 号线 B 部分工程 PPP 项目培训服务项目
	长沙轨道交通 6 号线 B 部分工程 PPP 项目综合联调服务项目
	广州地铁 7 号线一期工程西延段顺德段运营筹备(含综合联调演练和试运行)项目
	重庆轨道交通 4 号线司机学员培训服务项目
	广州地铁 21 号线研学课程策划开发合作项目
	广州地铁集团有限公司校企合作培训服务项目
	城市轨道交通杂散电流防护关键技术研究工程验证配合服务项目
	广州有轨电车海珠试验段车辆架修项目电子板卡委外修项目
	运营事业总部培训经营业务服务项目
	10 号线西塱站改造施工配合咨询服务项目
2022 年	广州地铁科普冬夏令营开发合作项目
	广州地铁 14 号线地铁体验营开发合作项目
	广州地铁 7 号线一期工程西延顺德段运营管理项目
	广州地铁与广州梓颖 14/21 号线科技实践项目开发合作项目
	广州地铁与广州研学 14/21 号线科技实践项目开发合作项目
	长沙市轨道交通 6 号线车辆及段场设备临时运维服务项目
	广州地铁与画宅壹生研学团项目(运营一中心)开发合作项目
	广州地铁同自然与城市研学中心研学团项目(运营一中心)开发合作项目
	广州智会创教育信息咨询有限责任公司与广州地铁 4 号线/13 号线/9 号线/14 号线/21 号线轨道交通科技研学合作项目
	数字人民币乘车服务项目

2021年,广州地铁运营总部设立外拓项目部,建立专职外拓项目管理机构,归集运营管理类外拓项目。对内建立快速响应机制、灵活服务机制、薪酬激励机制,梳理整合内部资源,形成标准化、定制化、研发类产品;对外对标市场,主动出击,挖掘新老客户,统筹业务拓展。广州地铁以市场需求为导向,加快由运营地铁向经营地铁的转变,立足广州、走向全国、走向世界,打造面向国内外广阔市场的外拓产品,积极开展多元化业务创收,探索轨道交通企业"多元开拓增效益"的实践新模式。

7.2.1 运营筹备服务

广州地铁提供全方位的运营筹备服务,建立符合客户运营实际的管理模式及制度,指导客户搭建先进的运营管理团队和技术队伍,开展物资筹备管理、工程介入和验收接管管理、演练和试运行管理工作。广州地铁配合客户编制运营筹备总体工作方案、组织机构建设及人员储备培养、开通物资准备、后勤保障、专题研究、行车组织、客运组织、票务组织、品牌营销、维修组织、安全管理、保卫综治等各项内容。在工程前期及建设阶段,及时介入咨询、配合验收接管,保障列车试运行及应急演练,保障线路开通初期运营。

7.2.2 技术文本保障服务

在运营筹备过程中,广州地铁基于在世界范围内广泛的运维经验及完善的规章管理制度,可结合客户情况编制确保满足初期运营前安全评估和运营期管理使用的管理及技术文本,文本范围覆盖运营组织结构和岗位定员方案、运营人员招聘计划、财务管理制度及执行计划、物资采购方案等内容。

7.2.3 综合联调服务

广州地铁具有丰富的综合联调、运营演练、试运行及初期运营等工作的总体策划经验,可通过对综合联调及运营演练的关键节点进行专业把控,提出整改咨询建议,对综合联调演练关键节点的成果进行评审指导,满足客户目标。主要提供以下服务内容。

设计联络与单机(系统)调试:提供供电、通信、信号、车辆、自动售检票(AFC)、综合监控和车站重要机电设备等系统功能验证性测试及专业调试方案的审查,介入设备现场施工安装及单机(系统)调试的管理工作,提供技术支持及专业建议。

综合联调工作:提供综合联调实施方案、实施计划和项目总结的咨询和指导;参与综合联调过程,及时掌握项目实施情况并进行技术指导。

运营演练工作:提供技术规章和应急预案的修订咨询,编写运营演练方案,指导运营人员实施运营演练。

专业验收工作:提供安装工程验收、设备系统预验收、最终验收等各项验收咨询指导工作。

初期运营前安全评估配合:对试运行情况、设施设备符合运营条件及初期运营准备等工作进行协助和指导。

7.2.4　线路运营委托服务

广州地铁自1997年运营以来,积累了深厚的线路运营经验,打造了一批又一批成熟的运营团队,以委托运营或联营体的形式,承接了多条国内外线路运营委托服务,可为客户提供客流统计及信息通报、运营基准运力供给、能源管理、车站管理、乘客信息管理、环境管理、票务管理、运营故障管理、灾害事件管理、合建通道管理等全方位服务内容。

7.2.5　运营管理保障服务

除了直接承接线路运营外,广州地铁还提供运营管理保障服务,为国内外地铁公司提供运营保障及咨询服务工作。服务内容包括行车管理、调度管理、乘务管理、客运管理、票务管理、安全管理、技术管理在内的运营管理咨询服务,包括车辆、通信信号、供电、房建工务、车站机电、后勤、物资保障管理在内的维护保障咨询服务,以及包括规章制度的修订完善、应急处置、客运特色服务、正式运营前安全评估在内的综合管理咨询服务工作。

7.2.6　车辆维保服务

广州地铁有多年列车调试及运营经验,面向市场提供车辆维保服务。广州地铁可按照客户管理要求,对电客车、段场设备(含工程车)等进行全面、系统地维护保养,合理地结合各类维修方式保证列车、设备质量稳定可靠,功能完备,实现"供好车,供足车"的目标,使列车正线运营安全、准点、舒适。

7.2.7　设备维修维保服务

(1)车辆轮对维修服务

2010年7月,广州地铁第一条轮对生产线投产建成,开启了自主维修历程。

在摸着石头过河的实践中,广州地铁逐渐探索到如何有效提高车辆关键部件轮对维修的质量与速度,高效保障列车运行的安全与可靠。2015年,广州地铁具备了全线网一、二级传动齿轮箱的自主维修能力,实现了横向化的业务深度拓展和维修能力升级,成为国内首个具有自主维修二级传动齿轮箱能力的城市轨道交通运营单位。2016年,全线网3000根轮对自主维修的完成,标志着广州地铁已具备线网全部车型轮对、齿轮箱的自主维修能力。2019年,广州地铁打造智慧轮对生产线,走在国内地铁轮对维修生产的前沿。2021年9月,广州地铁车辆维修的自主生产轮对突破10000根大关。

广州地铁轮对换轮维修及齿轮箱维修团队拥有标准的维修工艺、丰富的维修经验、严格的质量管理体系,可提供不同车型轮对的维修方案与维修策略,维修范围涵盖换轮维修、轴箱维修、联轴节维修、齿轮箱维修,确保轮对及其部件维修后的安全稳定运行,且最大限度减少维修成本。

(2)电子部件维修服务

广州地铁电子部件维修团队提供地铁车辆、通信、信号、AFC及机电专业电子部件维修服务。依托成熟的电子部件资产管理模型,提供包括评估、检测维修、新部件购置统筹管理及寿命延长计划研究实施在内的全生命周期资产管理服务。

车辆专业:具备西门子、庞巴迪、三菱等数十种品牌电子部件维修及维护能力;具备地铁列车牵引电制动、辅助、列车控制及诊断、车门、空调、乘客信息系统等多个电子电气部件的维修及维护能力。

通信专业:提供乘客信息显示系统(PIDS系统)(车站PIDS、车载PIDS等)、车载视频监控、车站视频监控、广播、不间断电源(UPS)等多个系统电子部件的维修维护及测试平台开发服务。

AFC专业:提供AFC(含门禁)专用定制类部件、通用部件评估、检测及维修服务;提供扇门、单程票等模块测试平台开发服务;提供电子部件国产化工作,最大限度满足板件的使用和采购需求。

信号专业:提供轨道电路类部件、车载类部件、各类电源屏模块评估、检测及维修服务;提供西门子轨道电路离线测试平台开发服务。

机电专业:提供法维莱、西屋、松下等品牌屏蔽门的电子部件、各品牌UPS及电源类设备评估、检测及维修服务;提供门机、控制等系统测试平台开发服务。

7.2.8 人员培训服务

广州地铁拥有轨道交通核心专业实训室、系统化认证培训课程资源以及授课经验丰富的讲师队伍,能够提供科学、长效的人才培养整体解决方案,已为全国近 20 家地铁单位及交通院校提供人员培训服务。

在团队管理岗位培训方面,提供班组建设管理、运营管理、运营筹备、运营联调等方面培训,培养人员运营策划、生产组织、现场管理能力。

在专业技术岗位培训方面,提供行车组织、车辆技术、通信技术、轨道线路技术、应急管理、安全管理等方面的专业培训。

在服务技能岗位培训方面,提供站务、乘务等岗位系统培训课程和实践课程。

7.2.9 其他多元业务拓展服务

除上述基于运营业务的拓展服务外,广州地铁近年积极挖掘自身技术潜力,培养内部技术骨干,多次承接线网 AFC 等设备设施技术改造服务项目,降低内部成本、拓展外部收益。同时,充分利用固资租用、场地管理、施工配合等机会创效增收。

7.3 典型案例

7.3.1 拉合尔橙线整体项目

拉合尔橙线是巴基斯坦第一条地铁线路,也是"一带一路"倡议框架下中巴经济走廊首个轨道交通项目,全长 25.58 千米、26 座车站,该项目由中国国家铁路集团有限公司和中国北方工业有限公司等联合承建,全线采用中国标准、中国技术、中国设备。

2020 年 2 月,广州地铁和北方国际合作股份有限公司、巴基斯坦大宇公司联合体成功获得拉尔合橙线运维合同,合同期为 8 年,标志着中国设计、制造、建设、运营维护的城市轨道交通全产业链"中国解决方案"首次完整输出到巴基斯坦,推动巴基斯坦进入地铁时代,具有极强的示范意义。广州地铁负责线路的运营维护工作,项目实施过程中克服了疫情、两国文化风俗差异、语言不同等困难。2020 年 10 月 25 日,该线路开通运营(图 7-7)。

拉合尔橙线是广州地铁首个境外运营服务线路,其成功开通证明广州地铁几十年所积累的运营管理模式是经得起考验的。该线路在运营管理中积累的各类规章文本和管理模式进一步巩固、丰富了广州地铁境内外项目拓展的管理基础,支撑广州地铁运营服务外拓走深走远。

图 7-7 拉合尔橙线车站

7.3.2 南昌地铁 3 号线 PPP 项目

南昌地铁 3 号线 PPP 项目是广州地铁参与的第一个地铁 PPP 项目,全线共设 22 座车站,全长 28.5 千米,平均站间距 1.33 千米,全部采用地下敷设方式。2019 年,广州地铁与中国中铁电气化局集团有限公司(及其联合方)中标并签订 PPP 项目合作协议,并于同年 8 月成立南昌中铁穗城轨道交通建设运营有限公司,作为项目投资、建设和运营的实施主体。南昌地铁 3 号线车站见图 7-8。

2020 年,根据项目运营筹备保障服务协议,广州地铁派遣了有着数十名丰富运营管理经验人员的精英团队,驻守南昌市本地,为南昌地铁 3 号线提供运营筹备保障服务,涵盖调度、乘务、站务、通信、信号、车辆、接触网、变电、门梯等核心专业。筹备项目一直到线路开通为止,服务期限约 9 个月。

与此同时,根据广州地铁与南昌中铁穗城轨道交通建设运营有限公司签署的运营管理技术文本服务合同,广州地铁负责编制了确保满足南昌地铁 3 号线初期运营前安全评估和运营期管理使用的管理及技术文本合计 433 份。具体包括编制运营组织结构和岗位定员方案,设计运营薪酬体系、绩效考核体系,建立有效的激励约束机制,编制人员招聘计划,编制运营培训规章,编制员工岗前技能培训计划,编制财务管理制度及执行计划,协助确保甲方满足筹备财务需求,编制物资采购方案以保障物资供应,编制运营管理规章制度文本,建立健全运营生产管理体系等,为南昌地铁 3 号线顺利初期运营提供了坚实的制度保障。线路开通后,针对客户在规章应用过程中提出的规章修订意见和要求,广州地铁充分发挥职能支撑作用,组织项目服务团队深入现场充分沟通、全力组织修编,得到客户的高度认可。

图 7-8　南昌地铁 3 号线车站

2020 年 12 月,南昌地铁 3 号线开通,该线路是南昌市的第一条南北地下动脉,也是首条途径南昌县的地铁线路,进一步提升了南昌市民出行便捷性。南昌地铁 3 号线绳金站见图 7-9。自 2021 年 1 月起,广州地铁为南昌地铁 3 号线提供为期 3 年的运营保障及咨询服务工作,为线路的安全顺利运营提供管理服务,进一步完善客户运营管理模式及制度,以"传帮带"方式指导南昌中铁穗城轨道交通建设运营有限公司逐步形成高质量的运营管理团队和技术队伍,为客户自主运营管理南昌地铁 3 号线奠定坚实的基础。

7.3.3　长沙地铁 6 号线 PPP 项目

长沙地铁 6 号线全长约 48.11 千米,是《长沙市城市轨道交通第三期建设规划(2017—2022 年)》中规划的骨干线路,也是长沙轨道交通线网已批复建设线路中跨区县最多、涵盖区域面积最广、线路最长、换乘站最多、建设难度最大、首条直达机场的地铁线路。全线设车站 34 座(均为地下站),列车采用 6 节编组模式A型车,最高运行速度80千米/时。长沙轨道交通6号线车站见图7-10。

图7-9　南昌地铁3号线绳金塔站　　　　图7-10　长沙轨道交通6号线车站

2021年,广州地铁承接了长沙轨道交通6号线综合联调服务项目。为做好相关服务,广州地铁成立联调项目组,共外派80余名专业人员开展综合联调工作。联调人员严格按既定联调时间节点推进各项设备接管、调试工作,完成综合联调总体方案、联调大纲、子系统方案、阶段性报告、综合联调总体报告的编制,通过建立有效的沟通机制,推动落实各个专业系统的施工安装及调试进度,最终保障综合联调任务顺利完成。

为满足长沙轨道交通6号线对运营核心团队人才的需求,广州地铁与长沙穗城轨道交通有限公司签署培训协议,于2021年8月启动名为"星辰计划"的培训项目。由广州地铁负责培训项目的统筹策划、组织,以及项目全过程费用控制,目标是把长沙轨道交通6号线打造成系统安全可靠、技术先进、设备先进、管理先进的长沙市轨道PPP项目。项目启动后,1000余名学员分批次在长沙进行三级安全教育、军训、上岗前专业课程理论部分培训,后续在广州地铁进行实操跟岗培训并完成结业考试。广州地铁按照内部员工培养标准,培训量达2.7万人·天,为长沙轨道交通6号线培养了技术技能水平、综合素养双优的运营核心团队,荣获客户单位2021年度"优秀项目团队"荣誉。

2022年6月28日,长沙轨道交通6号线开通运营(图7-11),为确保线路开通后车辆维保工作的正常开展,广州地铁承接了长沙轨道交通6号线车辆及段场设备临时运维服务,首次战略性开展维保业务。广州地铁在短时间内集结车辆专业精兵强将赶赴现场,共派遣各运营中心车辆专业队伍120余人,有力保障了长沙轨道交通6号线安全运营。

7.3.4　广佛线委托运营项目

广佛线起始于沥滘站,途经广州市的海珠区、荔湾区和佛山市的禅城区、南

图 7-11　长沙轨道交通 6 号线列车

海区、顺德区,贯穿广东金融高新技术服务区、广佛都市圈,止于新城东站,大致呈"厂"字走向,是全国首条跨越地级行政区的地铁线路。广佛线于 2010 年开通运营一期首通段,2018 年全线开通,全长 37.96 千米,共设置 25 座地下站,其中佛山市设 15 座,广州市设 10 座。线路采用地铁系统,使用 4 节编组 B 型列车(图 7-12)。

图 7-12　广佛线运营列车

广佛线开通伊始,便是由广东广佛轨道交通有限公司委托广州地铁运营和维修保养,广州地铁把多年的运维经验输出至佛山,第一次成功将品牌打出广州。广佛线的委托运营开启了跨市合作的先河,其开通运营也开创了两城区域经济、生活一体化的先河,掀开了广佛同城的篇章。

7.3.5 福州地铁1号线运营技术保障项目

2015年5月,广州地铁培训学院和中国国际工程咨询有限公司组成的联合体投中福州地铁1号线运营技术保障项目,广州地铁调集技术专家组成技术保障项目部,前往福州地铁参与验收、接管与运营内部安全评估、运营保障技术服务、运营综合演练等模块的咨询指导工作。

历时一年半,广州地铁技术保障组现场反馈涉及乘务安全、车场运作、车辆、信号系统、通信、接触网、变电、车务安全、机电、调度等20余个专业上千条问题,针对客户一线员工经验不足的情形,有针对性地加强实操现场培训,合计培训近千次。开通前夕,广州地铁增派专家开展线上检查,及时发现问题并为客户提供整改意见,逐一将问题排查,通过规范流程将风险扼杀在源头。

2017年1月,全长24.89千米的福州地铁1号线全线开通。福州地铁1号线车站见图7-13。福州地铁1号线运营技术保障项目的成功实施,促进了

图7-13　福州地铁1号线车站

两座城市轨道交通市场的互通交流,有力提升了广州地铁的外拓品牌声誉。

7.3.6 广州中车轮对维修项目

2020年10月,广州地铁承接了广佛线27列车432对轮对维修业务(图7-14)。为做好轮对外拓业务,广州地铁打造轮对智慧生产线,系统性升级完善现有质量管理水平,引入智能化检修装备、优化作业工艺、提高作业质量、降低作业强度,贯彻落实《质量体系标准》(ISO/TS 22163),打造"科学化、智能化、工厂化"的轮对维修智慧产线。该产线是采取自动化设备与新技术相结合,配备了车轴自动化输送线、机械手上下料、轮盘智能组装、自动导引车、轮对自动激光脱漆等一系列智能化设备,可实现轮轴部件的自动化、信息化生产,是国内首条集自动化、信息化、智能化为一体的轮对维修生产线。2022年,凭借专业且高效的维修,广州地铁实现项目压装合格率达100%,为广佛线的安全运营提供了有力保障。

图 7-14　轮对维修

7.4　小　　结

广州地铁十余年在外拓服务市场的深耕细作,成就了优秀的业内口碑,得到了国内外市场的广泛认可,近年来更是在"整船出海"战略的推动下,坚持产业外拓协同,不断优化、完善全产业链外拓产品。未来,轨道交通行业开始逐步进入到建设与运营维护并重阶段,根据中国城市轨道交通协会的预测,未来 5~10 年为周期,将呈现出运营维保后市场逐渐大于机电设备和车辆制造市场,并最终大于建筑施工市场的态势,运营维修保养后市场或将步入黄金发展期。

广州地铁将依托轨道交通领域的技术与经验沉淀,以整合、集成、创新为核心竞争力,强化轨道交通全过程解决方案的提供能力,打造运营外拓拳头产品,立足湾区、辐射全国、走向世界,积极开拓外部轨道交通市场,为轨道交通行业发展贡献广州智慧。

第8章
创新经营考核与激励体系

在守住安全底线的基础上,如何平衡好质量、服务、效益,加快推动生产方式的转型升级与成本结构的优化调整,向创新驱动、效率驱动与人力资本驱动的高质量发展模式转变,成为决定运营业务可持续经营的关键。在该战略导向的引领下,为系统、全面地推进各项业务发展,广州地铁逐步建立起以"统筹有方、协调有序、考核有据、激励有效"为管理目标的经营计划和考核分配管理体系。

8.1 经营计划管理

经营计划管理是指基于运营总部发展的战略目标、关键任务、重难点工作、发展瓶颈,结合核心资源进行综合平衡后,形成从战略承接、任务设定到监控评价的闭环管理框架,是达成经营目标的过程管理的抓手及重要保障机制。

经营发展纲要是经营计划管理的总领性文件,以年度为单位。通过纲要文件,回顾上一年度经营目标执行情况,对本年度内外部经营形势进行分析后,承接战略规划目标,明确运营总部的年度经营方针、发展方向、经营目标及重点工作(图8-1)。经营发展纲要提出的重点工作要纳入年度绩效考核方案进行管理。

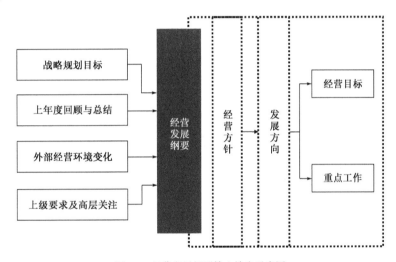

图8-1 经营发展纲要输入输出示意图

8.1.1 管理原则

坚持战略引导、计划落实的原则。以战略目标为引领,通过目标设定、计划分解、过程协调、进度监控等管理手段,有效推进线网运营发展和经营目标实现。

坚持目标牵引、统筹协调的原则。结合广州地铁运营总部(以下简称"总部")长期经营发展导向和发展能力,兼顾内外部环境变化,统筹制定年度目标,统一配置资源。

坚持落实责任、闭环管理的原则。推动计划层层分解,责任层层落实,做到执行情况有监督、执行效果有评估、经营业绩有考核,实现计划闭环管理。

8.1.2 管理体系

(1) 经营计划编制

每年第三季度,在经营班子全程参与下,经营管理部门牵头,组织人力、财务、生产、技术、市场等职能管理部门,以及新线筹备、区域运营、后台维修等各业务中心,对应运营总部战略目标和经营发展要求,平衡环境变化与业务能力后,研讨提出年度业务目标、配套工作计划及协同需求建议。

每年第四季度,结合运营总部总体战略导向,经营管理部门会同各职能管理部门,与各业务中心就下一年度目标计划等相关内容进行沟通,充分预估过程执行风险,共同确认下一年度业务目标及配套工作计划,形成下一年度经营发展纲要草案,并按照"三重一大"决策程序相关要求审定后统一下发。各职能管理部门承接运营总部经营发展纲要及各专业线下年度工作重点,对各专业线相关工作进行细化,形成各专业年度工作计划。

(2) 经营计划执行监控

各职能管理部门对全面预算、生产计划、科研计划、市场计划等专业计划进行月度、季度、年度执行情况跟踪分析,主动收集、协调、解决计划执行过程中的问题,统筹各专业计划阶段目标调整,确保运营总部计划执行透明、可控。

各业务中心对本单位工作计划实施情况开展月度、季度、年度督办、协调、落实、总结、分析和评价,及时向各职能管理部门披露计划执行情况、风险及应对措施。

(3) 经营计划执行评价

评价工作贯彻两项基本原则:一是指令性计划坚持刚性。强调保证完成运营总部主线任务、各专业计划刚性指令性目标,保证市国资委等上级考核基本面的落实。无不可抗力情况下,指令性计划执行率应坚持刚性考核。二是强调风险控制。所有目标、计划推进过程中,必须以运营总部生产安全、廉政安全、质量安全等管理要求为行为边界,必须严格执行。对造成安全、廉政、质量事故的,严肃追究责任。

在此基础上,经营计划执行评价结果纳入各二级单位年度绩效考核。

8.1.3 实践经验

近几年,广州地铁运营总部的经营计划管理实现了从"自上而下统一部署"向"上下互动形成共识"转变。

过往的经营计划管理以总部领导班子和职能管理部门为主导,实行自上而下的计划型资源配置方式,虽然有效支撑广州地铁成功应对大线网持续开通运行的挑战,但随着线网规模和线路差异不断扩大,自上而下的计划型管控劣势逐渐放大。由于决策链条长、信息不对称、"职能竖井"等原因,导致经营计划的制订不尽合理,进而引发微观效率损耗、局部结构失衡、二级组织活力缺失等问题。

自2020年起,广州地铁运营总部要求并推动各业务中心深度参与经营计划管理工作。尤其在目标计划制订环节,由总部领导班子全程参与并主导,突出业务中心战略承接的主体地位,强调职能部门资源配置的角色定位,共同对计划战略可达性、业务差异性、目标引领性进行充分研讨并形成下一年度经营计划。由于经营计划是在充分沟通、双向确认的基础上达成共识的,因此在后续管理过程中,运营总部同步加大了对业务中心"责—权—利"对等下放,业务中心主观能动性明显提升,问题协调解决、考核结果应用等工作得到较好开展。

8.2 绩效考核管理

绩效考核管理是推动并保证企业文化、战略目标及经营计划实现的主要手段和有效工具。通过界定各二级组织关键业务领域、明确年度行动目标和关键成果,建立有效的激励约束机制,针对各考评单位对总部经营目标达成的贡献及自身关键能力发展进行考核和评价。

组织绩效考核方案是绩效考核管理的总领性文件,以年度为单位。它应用各种科学的定性、定量方法,将经营发展纲要中的各项经营计划要求通过绩效指标形式,实现责任层层分解,保障总部经营目标达成。

8.2.1 管理原则

战略导向原则。紧密围绕总部战略目标和经营计划,层层分解指标到责任主体,提高各责任单位对总部战略的支撑与贡献度。

公平公正原则。组织绩效考核内容、标准和目标应遵从同一原则和标准制订。

差异化考核原则。根据被考评单位功能定位、经营性质、业务特点和发展阶段的不同,实施分类考核,设置差异化的考核指标和权重,提高考核的精准性和有效性。

有效激励原则。区别总部战略目标和经营计划中的刚性要求和激励因素,设置差异化的考核评价与激励机制。按照"责—权—利"相统一的要求,实现有效激励。

严肃考核原则。在与被考评单位充分沟通的前提下,经营业绩考核方案一经发布,原则上不作调整,但由于不可控因素导致的经营环境发生重大变化、目标前置条件发生变化的除外。

8.2.2 管理体系

(1)绩效考核方案编制

年度组织绩效考核方案以上级各项管理要求和经营发展纲要为指导开展编制,主要包括考核对象、考核机构与职责、考核内容与方法三部分内容。

①考核对象

运营总部组织绩效考核对象为下属各二级单位,包括职能部门和业务中心。结合各二级单位的工作属性和发展目标,分类为前台组、后台组、职能组和独立评价单位(表8-1)。根据分类设置绩效考核指标和权重,合理确定差异化考核标准,突出不同考核重点,实施科学的分类考核。

组织绩效考核分类 表8-1

类别	考核对象
前台组	各运营中心
后台组	线网管控中心、基地维修中心、新线建设与筹备中心、安检中心
职能组	办公室、人力资源部、总部工会、党群工作部、总工程师室、财务部、企业管理部
独立评价单位	纪委办公室、安全监察部

②考核机构与职责

运营总部绩效考核管理机构由绩效考评委员会、考评管理部门、指标管理部门、被考评单位组成。

绩效考评委员会(简称"考评委")是绩效考核的决策机构,负责审定总部绩效考核方案和绩效考核结果,对考评异议事项作最终裁决。

作为考评管理部门的企业管理部是总部组织绩效管理的牵头部门,负责组织开展绩效管理工作,对绩效进行监控和预警,督促和指导各二级单位做好本单位绩效管理,将考评异议事项提报总部考评委裁决。

指标管理部门是所辖业务基本面指标、加分项和减分项的责任管理部门,负责所辖业务指标设计和标准制定,对指标执行情况进行数据统计、过程分析、结果纠偏,负责提报所辖业务绩效指标、加分项和减分项的年度考核结果及依据,协调解决执行问题。

被考评单位负责上报、复核本单位业务的绩效考核数据和相关资料,开展本单位绩效考核管理工作,主要职责包括:分解、落实总部年度组织绩效考核目标;监督本单位绩效考核体系的运行;收集、整理和提报本单位组织绩效考核相关资料,以及业绩数据等经营管理信息;协调、处理本单位有关组织绩效考核工作的其他事务,对考核结果提出申诉意见。

③考核内容与方法

考核模式采用"基本面(综合绩效指标、过程考核指标)±加减分项"的评分结构,通过分数排名鼓励适度竞争(图8-2)。

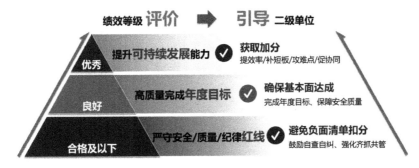

图8-2 组织绩效考核模式示意图

综合绩效指标:采用平衡计分法,根据各二级单位在总部中的职责与定位,围绕"财务表现、客户感受、内部流程、学习发展"确定具体指标与权重。各类指标示例如表8-2所示。

组织绩效指标示例　　　　表8-2

类别	指标
财务表现	成本、收入、利润、新签合同额等
客户感受	乘客满意度、职能服务满意度等
内部流程	安全管理、生产计划、科研计划、市场计划等
学习发展	劳动生产率、决策支持度等

过程考核指标:对于业务已有明确标准,执行结果侧重以"事前计划、事中监控"为主的业务指标,设置业务过程考核指标。过程考核指标包括:行政文秘管理、人力资源管理、技术质量管理、财务管理、立项及合同管理、法务合规管理、客运服务管理、信息化管理、公关管理等。

加分项:引导各单位主动思考、主动作为,高质量达成总部发展目标。从绩效机制上,围绕"开源、控本、增效"设置开源创收、成本管控、科技创新落地等加分激励项。

减分项:承接上级管理要求,明确上级监管、安全生产、质量、纪律底线及审计要求,引导各单位主动加强风险管控、防范化解重大风险,强调规范管理和履职尽责。

(2)绩效考核过程管控

通过季度经营例会和过程考核管理,对绩效执行中存在的问题给予点评和纠偏,以确保年度经营目标顺利达成。

①季度经营例会

每季度召开经营例会,对过程变化所带来的绩效影响进行及时的评估和审议,对执行过程偏差及时给予建议与辅导,并采取有效措施;对执行困难的被考评单位,及时协调相关资源予以支持或做出认定;组织各职能管理部门对所辖业务绩效执行情况进行点评,组织各业务中心开展先进经验分享,营造"比、学、赶、帮、超"的良性氛围。

②过程考核管理

各职能管理部门根据总部级规章制度,开展所辖业务常态化考核管理,通过签发"考核通知单"或"预警通知书"对被考评单位绩效执行过程中存在的问题进行考核、纠偏。被考评单位如有异议可在收到考核意见后向指标管理部门提出申诉意见。

(3)绩效考核结果应用

年度组织绩效考核结果会被关联或应用于各二级单位工资总额分配,以及管理人员经营业绩评价和薪酬核定。

8.2.3 实践经验

2013年,为适应线网快速发展,运营总部从原先的四大专业化管理中心转变为四大区域性运营中心,有效推动区域线路群服务交付责任的下沉。同时,在各运营中心内部,通过车站服务与"乘客界面设备"维修作业的有效融合,形成以中心站管理为核心的属地化管理模式并逐渐推广,较好地应对了超大规模线网运作挑战。在区域中心管理模式下,运营总部绩效考核管理先后经历以组织行为管控、业绩结果评价、长期战略引领为不同重点的三个发展阶段。

(1)发展阶段一:以组织行为管控为重点

2013年运营总部架构变革调整后,各中心内部及相互之间的业务运作处于摸索适应阶段,运营管理面临不确定性,因此在绩效管理上侧重对各中心生产规范性和管理有效性的考核评价。在平衡记分卡四个评价维度中,客户类指标和流程类指标比重较高。在设置具体指标时,重点突出对生产任务完成度及安全质量表现的考核。以组织行为管控为重点,具有"令行禁止、保障执行,标准统一、保障质量"的优势,但也存在激励牵引不足,不能充分激发各业务中心自主经营活力的劣势。

在运营主体成立或发生变革的初期,一方面线网运营最重要的任务是确保稳定、持续对外提供运输服务,另一方面绩效考核管理机制初步建立,因此该阶段绩效考核偏向于求全求细的管理导向,侧重对组织行为的管控,同时兼顾过程管理与结果评价。

(2)发展阶段二:以业绩结果评价为重点

随着新架构稳定运作,运营总部管控导向逐步回归到区域化运营模式的根本目的,即推动运营中心提升自主生产经营能力,及时感知并响应顾客需求,实现优质的服务产品交付。因此,绩效考核管理的思路出现了两个显著转变:一个是从"技术思维"到"顾客思维"的转变,最具代表性的是评价线网运营服务质量的主要指标由"列车准点率""设备故障率"等技术性指标调整为以乘客感知为评价核心的"行车可靠度";第二个转变是对过程行为控制的指标进行充分整合,突出成效结果类评价指标,推动运营中心考核指标由超过20个逐步缩减至10个左右。

以业绩结果评价为重点的绩效考核管理,有力推动运营总部功能定位转变及能力向下沉淀,各二级单位自主经营意识得到充分调动,总部亦实现从事务管理到业务监管的重大转型。这种绩效考核管理需要匹配较大的业务授权,适合管理基础比较扎实的企业。

(3)发展阶段三:以长期战略引领为重点

2020—2022年,面对国内经济增速放缓的形势及疫情的冲击,城市轨道交通运营企业愈发强调成本管控和可持续经营。近年来,运营总部绩效考核管理逐步转向对高质量可持续发展的支撑,在引导各二级单位高质量完成年度生产经营目标基础上,同时关注安全、服务、效益的当期平衡和长期协同提升。因此,平衡记分卡四个维度分化出不同的考核导向,其中客户类指标以保持行业领先水平为目标;流程类指标在高质量生产表现之上给予一定容错空间;财务类指标和学习成长类指标,则鼓励持续性提升,追求较历史、行业有更优秀表现。

对运输业务,在保障基础性、政策性或政府重大专项任务落实的基础上,重点考核安全表现、服务质量、运营效率、成本控制、科技创新。

对经营业务,在做大经营规模、保证投入产出的基础上,重点考核经济效益稳步增长、新产品和新市场开拓、市场竞争能力提升。

对内部支持业务,在完成重点工作任务的基础上,重点考核支持服务的质量提升、效率改善、成本控制。

对面临改革转型的单位,加强对改革转型任务指标的考核。鼓励各单位加快结构优化,调整存量、做优增量。

以长期战略引领为重点的绩效考核管理,对企业管理基础有较高要求,需要企业已形成完善的战略、经营管理体系和良好的绩效文化,适合已颇具规模并持续发展的企业。

8.3 薪酬分配管理

薪酬分配管理是指在企业战略目标引导下,对薪酬策略、薪酬结构、薪酬水平、薪酬构成进行确定、分配和调整的动态管理过程。薪酬分配管理是全体员工最为关注的内容,对企业的整体绩效产生直接影响。精准、灵活的薪酬分配体系能够充分调动员工积极性。

目前,运营总部共下辖18个二级单位,包括9个业务中心(运营一/二/三/四中心、线网管控中心、基地维修中心、新线建设与筹备中心、安检中心、资源经营中心)及9个职能部门(办公室、人力资源部、总部工会、党群工作部、总工程师室、纪委办公室、财务部、企业管理部、安全监察部)。近年来,运营总部逐步搭建并完善三级激励分配体系(图8-3),旨在实现宏观"稳"、中观"准"、微观"活"的管理目标。其中,一级分配要求"稳",在符合整体要求的基础上,授权各二级单位开展工资总额管理,保障大队伍稳定;二级分配突出"准",通过经理层任期制与契约化管理,抓住关键少数,适度加大核心管理团队的薪酬差距;三级分配强调"活",搭建专项激励机制,深耕安全、服务、效益平衡发展的系统意识。

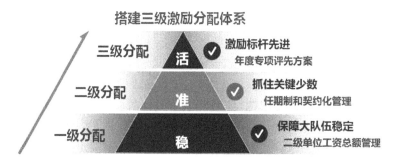

图8-3 三级激励分配体系

8.3.1 薪酬分配机制

(1) 管理原则

坚持"效益优先"原则。建立工资总额与经济效益同向联动,结合组织绩效管理,完善二级单位工资总额决定机制。

坚持"兼顾公平"的原则。工资分配要切实做到激励与约束相结合,效率与公平相统一,统筹考虑各二级单位业务及员工队伍差异性,确保规则、过程及结果的相对公平性,调节工资收入畸高畸低。

坚持"与组织绩效目标相统一"的原则。工资总额管理应以组织绩效管理目标为导向,充分考虑员工工资水平与劳动力市场价位相衔接、与市场竞争力相匹配,通过与组织绩效挂钩,实现工资投入产出的最佳效果,提高组织和人员效能。

(2) 工资总额管理机制

一是下达工资总额,压实管理责任。根据《国务院关于改革国有企业工资决定机制的意见》(国发〔2018〕16号)和省、市实施意见,本年度工资总额以上年度工资总额为基数,与工资效益指标联动,原则上增人不增工资总额、减人不减工资总额。在具体实践中,业务中心以岗位编制或初期人员数量为基础,按上年工资水平下达初始工资总额,由各业务中心自主管控,年底如有工资结余由各中心自主分配。各业务中心按照运营总部的核定方式及要求,制定、细化工资管理方案,将工资总额分解下达到二级部门,总量包干,压实部门的管理责任。业务中心按照"效率优先、兼顾公平"的原则,可自主进行内部调节。

二是管控专项工资,完善薪酬结构。当发生组织架构有重大变化、新线开通或其他特别事项而规模性增加或减少人员的情况,可以合理调整专项工资。专项工资原则上由各单位提报,总部根据实际情况审定。专项工资核定项目包括但不限于因新线开通、外拓项目以及其他政策调整而增加的工资总额。

三是建立绩效联动,实现有效激励。对于年度的绩效工资,强化业绩导向,根据各业务中心绩效、劳动生产率指标考核完成情况,设置差异化的组织绩效奖励系数,适度拉开差距。各业务中心在此基础上,结合对下属部门的组织绩效考核结果,分档设置奖励系数,实现差异化激励。同时,各业务中心可结合内部管理导向,面向全体员工设置专项激励方案,对先进组织及先进个人进行激励。

(3) 人力资源配套管控机制

以工资总额授权为核心,开展全面的人力资源管控评估,强化各业务中心在人力资源管理方面的权限及职责,重点鼓励各业务中心主动开展岗位优化,精简配员,按照"工资总额授权—岗位优化—岗位编制调整—内部调配—专项奖励/差异化薪酬增幅"形成管理闭环,实现管理责任下沉。同时,匹配制定人员调配机制、共享相关制度规范,畅通人员流动,实现人力资源的高效配置。具体见图8-4。

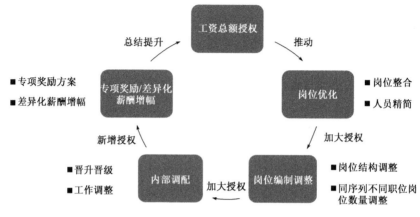

图8-4 人力资源配套管控机制

8.3.2 任期制与契约化管理

为全面贯彻《国企改革三年行动方案(2020—2022年)》,持续深化企业制度改革,广州地铁推进实施经营班子成员任期制和契约化管理,强化"干好干坏不一样"导向,以实现经营班子成员"职务能上能下、收入能增能减",最大限度调动经营班子成员干事创业的积极性和主动性,全面提升经营管理水平。

(1)管理原则

坚持"契约管理与激励约束相结合"原则。突出经营目标管理导向,实行契约化管理,签订岗位聘用协议与经营业绩责任书,同时执行聘期管理,明确考核与退出机制,实现领导干部"职务能上能下"的管理目标。

坚持"薪酬分配与工作业绩相一致"原则。突出业绩考核结果导向的薪酬分配方式,强化薪酬刚性兑现,构建与企业经济效益、个人业绩考核联系密切、合理拉开差距的薪酬分配格局,确保按照契约条款实现收入能增能减。

(2)管理体系

①签约管理

契约要件:岗位聘任协议一般包括双方基本信息、聘任岗位、聘任期限、岗位职责、考核与薪酬激励、续聘及解聘管理等事项。经营业绩责任书一般包括双方基本信息、考核周期、考核指标、考核实施、其他需约定事项等。

契约草拟：岗位聘任协议与经营业绩责任书应当做到逐人制定，做到个性化、差异化，年度和任期考核内容及指标应适当区分、各有侧重、有效衔接，可进一步根据本单位的发展战略、经营预算、历史数据等情况对考核内容进行适度补充或提升。

契约签订：岗位聘任协议原则上参照人事任免关系确定签约主体，经营业绩责任书（年度和任期）原则上参照考核关系确定签约主体。纳入实施范围的各二级单位，由运营总部总经理与该单位经营班子成员签订岗位聘任协议，由运营总部总经理与该单位总经理签订经营业绩责任书（年度和任期），并授权该单位总经理与其他经营班子成员签订经营业绩责任书（年度和任期）。

契约一旦签订，除非经营班子成员发生变动，或岗位职责与分工发生调整，或总部（或上级主管单位）提出，否则不得随意更改。若发生上述情形，需对契约进行变更或调整，相关部门应当在成员或分工调整后1个月内按照本办法相关程序和原则重新开展契约签订，原契约同时终止。

②考核管理

考核周期：各单位经营班子成员的考核管理实行年度考核与任期（原则上为三年）考核相结合、目标考核与综合评价相统一、考核结果与激励聘任（解聘）相挂钩的考核体系。各单位经营班子成员年度考核一般以自然年度作为考核周期。

目标设定与分解：运营总部负责制定下属各单位年度、任期的经营业绩考核目标和考核标准，作为各单位总经理经营业绩考核目标和考核标准。各单位总经理根据本单位各经营班子分工，分解制定其他经营班子成员的考核目标与标准。目标设定原则包括定量与定性相结合、以定量为主；目标值应科学合理，突出量化、刚性原则，尽量以数字形式确定；结合各成员岗位职责和工作分工确定各经营班子成员年度考核指标；关注长远发展战略、价值创造和风险控制。各单位经营班子成员的目标分解应当做到对组织目标完全承接，不得出现真空、打折，考核标准不得低于所在组织的考核标准，可进一步根据本单位的发展战略、经营预算、历史数据、行业对标等情况对考核内容进行适度补充或拔高。若任期内经营班子成员或分工发生调整，新任职人员应当对相应的年度和任期经营业绩目标进行承接，非特殊情况原则上不做调整。

考核程序：每年年末和任期届满前，运营总部组织各单位开展二级单位经营班子成员年度（任期）经营业绩考核工作。各二级单位经营业绩考核作为该单位总经理的经营业绩考核结果,其他经营班子成员由该单位总经理进行考核并提出考核建议,并经本单位研究后报总部审定。

考核结果:经营班子成员年度(任期)考核结果应以百分制体现,由高到低划分为A+、A、B、C、D五个等次。原则上,各单位的年度(任期)经营业绩考核结果直接作为该单位总经理的年度(任期)经营业绩考核结果。

各单位经营班子成员考核评价应尊重契约精神,实事求是,考核评价者应担当作为,考核结果应适度拉开差距,不得出现平均主义、好人主义。否则,总部(或上级主管单位)将责令相关单位对相关考核评价结果进行重新审视和调整。

③薪酬管理

薪酬结构:纳入任期制和契约化管理的经营班子成员薪酬由基本年薪、绩效年薪、任期激励三部分构成。

基准年薪是经营班子成员考核前的薪酬基准。需要综合考虑外部市场对标、企业规模、管理难度、运营总部员工薪酬水平增长情况等因素,定期对基准年薪进行评估和确定。基本年薪是经营班子成员的年度基本收入,以基准年薪为基数,乘以基本年薪比例系数后确定。

绩效年薪是与经营班子成员年度经营业绩考核结果挂钩的薪酬部分,以基准年薪为基数,乘以绩效年薪比例系数和年度考核系数后确定,突出与经营业绩考核结果挂钩的刚性,并设置超额完成任务目标激励机制。

任期激励是与经营班子成员任期经营业绩考核结果挂钩的薪酬部分,以任期内绩效年薪之和为基数,乘以任期激励比例系数和任期考核系数确定,待任期结束后,根据任期综合评价结果给予一次性兑现。任期激励根据经营班子人员任期经营考核结果合理设置发放比例。

考核兑现:各二级单位根据本单位经营班子成员年度(任期)考核结果,以及总部相关指导原则,提出薪酬兑现建议,报总部审定后兑现。对于年度考核结果不达标的,年度绩效年薪不予发放;对于超额完成任务目标或作出突出贡献的,应给予充分激励。

薪酬追索扣回:建立薪酬追索扣回机制,对存在违反国家、省、市或公司有关规定,未履行或未正确履行职责致使国有资产损失或其他严重不良后果的,按相关制度规定经相关程序进行责任认定后,视责任轻重予以扣减、追索或终止相应薪酬、绩效年薪或任期激励收入,取消参加中长期激励资格等。

④续聘与退出管理

经营班子成员聘期届满、经考核通过的可续聘,相关单位应按相关要求重新履行聘任程序并签订相关契约。对经考核认定为不胜任或不适宜担任现职的,应及时中止任期、及时解聘,不得以任期未满为由继续留任。

⑤监督管理

对实施任期制和契约化管理的经营班子成员,建立健全监督体系,坚持以预防和事前监督为主,建立健全提醒、诫勉、函询等制度并认真执行,及早发现和及时纠偏。对经营班子成员违反规定,未履行或未正确履行职责,在经营投资中造成国有资产损失或其他严重不良后果的,严肃追究责任,实行重大决策终身责任追究制度。

深入贯彻《关于进一步激励广大干部新时代新担当新作为的意见》。严格区分失误与失职、敢为与乱为、负责与懈怠、为公与谋私的界限,对在生产经营活动中依法依规、决策过程科学、勤勉尽责、不谋私利且能够及时纠错改正的过失行为,不作负面评价。把企业和个人在推进改革中因缺乏经验、先行先试出现的失误错误,同明知故犯的违纪违法行为区分开来;把尚无明确限制的探索性试验中的失误错误,同明令禁止后依然我行我素的违法行为区分开来;把为推动发展的无意过失,同为谋取私利的违纪违法行为区分开来。

8.3.3 专项激励机制

专项激励是指聚焦企业战略目标和经营计划重点工作,对做出重要贡献或取得显著成效的个人或组织进行激励,使员工行为向符合企业预期方向发展的过程。专项激励是薪酬分配体系的重要组成部分,具有管理穿透力强、示范引导作用明显的优势。

在开展工资总额授权管理、任期制与契约化管理基础上,运营总部进一步建立多元化的专项激励机制,紧密结合发展主线和经营变化,系统设计并持续调优专项激励项目体系,深耕安全、服务、效益平衡发展的系统意识,通过旗帜鲜明地崇尚先进、表彰先进、学习先进的举动,有效调动员工积极性,引导员工主动挖掘业务潜力点,促使基层创新增效、不断释放活力。

(1)管理原则

坚持公平、公正、公开原则,旗帜鲜明贯彻业绩导向,切实评选出在各项工作中做出突出贡献的集体、个人。对符合评选标准的,原则上优先向基层单位及员工倾斜。

(2)管理体系

①专项激励项目体系(图8-5)

长期以来,运营总部专项激励主要覆盖运营安全、乘客服务、维修质量等方面,激励内容趋于同质化,同时缺乏对经营效益提升的牵引,不符合当前可持续经营导向及各业务平衡发展需要。

2021年起,运营总部面向安全质量、客运服务、科技创新、控本增效、开源创收共设置五大类奖项,各类奖项可结合需要进一步设置细项。

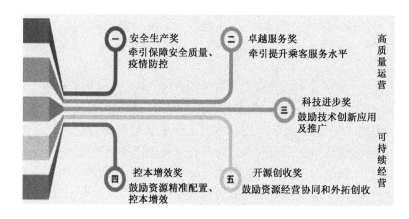

图 8-5　专项激励项目体系

安全生产奖:激励在运营安全、生产质量、疫情防控中表现突出的个人或集体。

卓越服务奖:激励在乘客服务中表现突出的个人或集体。

科技进步奖:激励在技术创新、科研技改以及成果推广中表现突出的个人或集体。

控本增效奖:激励在资源精准配置、控制成本、提升效率等工作中表现突出的个人或集体。

开源创收奖:激励在资源经营协同、外拓项目获取及执行中表现突出的个人或集体。

②专项激励工作流程

经营计划归口管理部门负责统筹编制专项激励总体方案,匹配总部战略目标和经营计划工作重点,针对性设计专项激励项目体系,确保激励精准、到位。

各专项激励归口管理部门负责细化奖项评价细则并完善相应配套措施,确保各项激励精准传导、落实到基层一线。

结合不同业务特点和牵引激励需要,按照年度、季度、月度等不同频次组织开展各专项激励,以确保激励及时、有效。如开源创收奖规定,对成功签订外拓创收项目的集体或个人执行"即报即批即奖",即按照合同金额的一定比例确定奖励金,并于合同签订次月及时兑现激励。

8.4 小　　结

广州地铁创新经营考核与激励体系,广泛发动各层级参与企业治理,有效促进业务中心从"服务交付责任主体"向"资产经营责任主体"转变,充分激发了全体员工控本增效及开源增收的积极性。面向未来800千米超大线网运营,广州地铁将综合考量组织效率、管理幅度、资源利用等因素,提前做好组织架构设计与能力储备,有序推进生产经营责权下放,强化绩效考核"指挥棒"作用,牵引各业务中心在高质量完成本年度工作的基础上,提升可持续发展能力,适应线网规模发展。

第9章
资源精准配置体系建设

随着线网规模和业务体量不断扩大,传统的资源配置方式逐渐难以适应不同线路间的业务差异,"职能竖井"与专业壁垒未能打破,导致资源错配或重复投入的现象时有发生。为此,广州地铁重新审视各类资源的投入产出效益,以全要素资源配置视角,构建涵盖全面预算、投资立项、定额、资产等管理活动的精准资源配置体系,打造经营管理高效、资源投放精准的敏捷型组织。

9.1 全面预算管理

全面预算是指企业对一定时期内的经营活动、投资活动、财务活动等作出的预算安排。全面预算管理作为一种全方位、全过程、全员参与编制与实施的预算管理模式，可实现计划、协调、控制、激励、评价等综合管理功能，应用并服务于线网生产及经营，整合和优化配置企业资源，提升企业运行效率，是管理者促进实现企业发展战略的"重要管理工具"。

城市轨道交通行业运营预算管理的特点主要包括：

（1）管理资产"重资产、大投资"，实物资产占比大，备品备件量大且庞杂，周转使用强度大；

（2）业务成本专业性、系统性强，集成度高，隶属关系复杂，且涉及专业多；

（3）周期长，技术迭代变化发展快，设备全周期长，数据积累难；

（4）以安全服务为目标，社会效益与经济效益并存，安全目标为重中之重。

9.1.1 管理原则

战略导向原则。围绕战略目标推进全面预算管理，实现战略与预算结合，以预算促进企业战略的实现。围绕经济效益，注重企业资源的优化配置，提高企业经营管理能力。

融合业务原则。嵌入企业经营管理的各个领域、层次、环节，形成由运输业务、经营业务、建设业务有机衔接的企业预算体系，形成由业务预算、投资预算、筹资预算、财务预算等系列预算组成的相互勾稽的综合预算体系。

权责对等原则。将企业、部门、个人等内部权责关系规范化、明细化、具体化、可度量化，确保权责对等，促进各预算责任主体围绕预算目标开展沟通与协调，强化预算考核，确保预算刚性执行。

闭环管理原则。规范预算编制、执行与控制、滚动管理、规范调整、反馈与分析，规范考核评价闭环管理工作；提供决策数据支持，搭建预算管理评价体系。

9.1.2 管理体系

（1）全面预算构成

业务预算，即反映预算期内企业可能形成现金收付的生产经营活动预算。主要包括：物资采购、科学研究、技术改造、咨询、设备设施委外维修、消防保卫、大中架修项目的预算。

投资预算,即在预算期内进行资本性投资活动的预算。主要包括:办公设备、计算机设备、生产设备购置及工程、设备更新改造项目的预算。

财务预算,主要包括收入预算、管理费用预算、经营费用预算、成本预算、预计利润表预算、预计资产负债表预算、现金流量表预算。

(2)全面预算管理体系

全面预算管理评价内容包含制度与体系建设、基础工作、分析报告、创新与成长四个维度。如表9-1所示,评价标准侧重于对管理行为的考评。

全面预算管理体系 表9-1

评价内容		评价标准
制度与体系	搭建体系	搭建并健全本单位预算管理网络,明确本单位各模块的预算专、兼职管理人员
	完善制度	制定并完善本单位预算管理办法实施细则(或操作指引)
	参加会议	积极参与预算管理工作会议、各类培训会议等
基础工作	年度预算编制、分解和下达	预算资料上报的质量和及时性
	数据报表	报表的及时性(按照规定的时限报送预算执行情况)
		报表的完整性(预算执行情况报表是否完整)
		数据准确性(报表数据是否准确,数据之间是否符合逻辑)
	预算执行	制度执行情况(是否按照企业全面预算管理办法,报批或报备,审批是否符合授权管控界面等)
		预算执行进度管控,异常指标及时跟踪处理
分析报告		是否按要求提交分析报告,报告报送是否及时,观点是否清晰明确,分析内容是否与自身业务密切相关,是否提出合理化管理建议
创新与成长	合理化建议	提出合理、可行、有建设性的建议
	管理提升	主动提交分析报告,剖析自身存在问题,主动对存在问题落实整改,提升预算管理水平
	预算管理系统推广	积极组织预算管理从业人员进行学习培训

(3)全面预算管理组织架构

预算业务流程管控实行"流程审批+会议集体决策"机制,保障预算管理风险可控。全面预算管理组织架构(图9-1)中,预算委员会是最高决策机构,综合管理部门代表全面预算工作小组负责全面预算的日常管理工作(图9-1)。

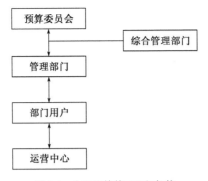

图 9-1　全面预算管理组织架构

(4) 全面预算闭环管理流程

全面预算管理,以企业发展战略为导向,在对未来环境预测的基础上,对预算年度内各类经济资源、经营、投融资等行为进行合理预计,制定预算期内经营管理目标,并围绕预算目标进行财务控制和监督。全面预算闭环管理流程(图 9-2)通常包括预算编制、分解与下达、执行与控制、评估与考核等管理活动。

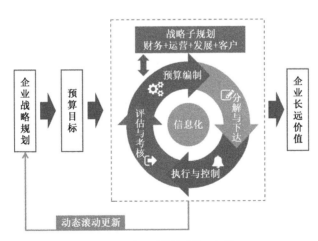

图 9-2　全面预算闭环管理流程

预算编制、分解及下达。这两个管理活动在前端树立了确保战略落实、引导资源配置的全面预算管理理念,以平衡计分卡绩效管理模式为桥梁,从客户、内部流程、学习与发展、财务四个维度对战略目标进行逐层分解,形成针对运营业务、资源经营业务、外拓服务业务为核心的分业务的年度计划指导及预算目标。

预算编制、分解与下达流程见图9-3。

全面预算与年度经营发展计划、项目立项、专项工作计划紧密结合,以"差异化"标杆指标为牵引,根据市域线路和市郊线路的不同特点,按照变动成本和固定成本的业务属性,指导促进总部差异化配置资源,制定线路及业务的减亏目标,保障经营业务高质量发展。

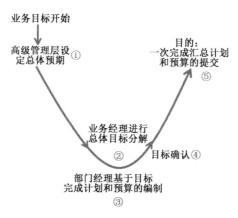

图9-3 预算编制、分解及下达流程

预算执行与控制。为了配合全面预算管理体系的实施,企业形成了以全面预算管理办法为核心的制度体系,对全面预算组织体系编制、执行、反馈及分析等环节提出规范化的要求。同时,针对各业务特点,出台了相应实施细则,并形成了预算编制表格体系、信息反馈体系以及预算考核体系,统一预算管理要求和预算数据格式,有利于预算管理工作常态化和长效执行。全面预算执行与控制体系如图9-4所示。

评估与考核。全面预算的考核评价是发挥预算约束与激励作用的必要措施,是企业绩效评价的主要内容。预算年度终了,根据企业内部各单位的年度全面预算执行情况对各预算执行单位进行评价,并不断完善提升经营管理水平。此外,预算管理及预算控制过程的有效性也是评估与考核的重要内容。

各阶段关注要点。全面预算管理各阶段的过程关键要素各有差异,按编制阶段、执行与控制阶段、评估与考核阶段来看,具体关注要点如表9-2所示。

第9章 资源精准配置体系建设

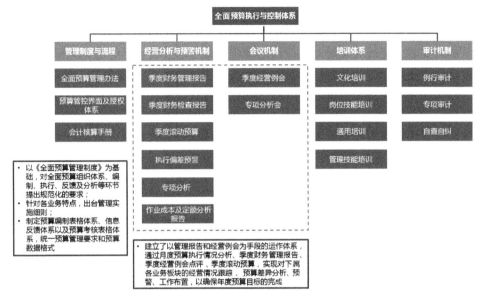

图 9-4 全面预算执行与控制体系

全面预算各阶段关注要点　　　　　　　　　　　　　　　　　表 9-2

阶　　段	关　注　要　点
预算编制	①战略规划与年度预算的衔接； ②预算编制的准确性、合理性和科学性； ③业务资源整合，形成最优选择； ④项目投入产出比，以最低的资产生命周期管理成本创造最大的效益； ⑤安全质量、乘客服务、经济效益的平衡，成本结构的合理性
预算执行 与控制	①预算调整是否符合预算编制基本假设； ②预算调整的内容、程序是否合规； ③预算执行反馈与分析环节； ④预算预警作用的有效性； ⑤信息管理系统对预算信息的管理作用[及时有效的预算执行信息(数据)是预算管控的基础]
预算评估 与考核	①预算目标是否符合、引领并促进业务发展； ②预算控制的有效性； ③预算管理工作的推进和完善情况； ④预算管理对标工作(与行业先进水平、国际先进水平、预算执行历史水平的对标比较情况)

(5) 业财一体化建设

全面预算管理是管理财务转型的重要抓手。匹配当前数字化发展趋势,全面预算管理也要开展业财一体化的数字化转型工作。通过打通财务数据和业务数据的通路,消除"管理烟囱"和"信息孤岛",将财务管理要求前置至业务前端,加强全业务管理的紧密联动,实现业务与价值的共同管理,从"经验+局部数据决策"转变成全面数据决策。将数据资源转换成数据资产,共同分享数据价值,为所有层级各专业管理人员创造价值。统一数据底座,汇聚企业全域数据,使"每一笔业务活动都有精准的价值反映、每一个指标都反映真实的业务水平、每一个组织都能看清自己的价值贡献、每一个要素都能定位准确提升的方向"。

通过规范完善维修作业系统、作业工单的业财数据规则,实现即时、准确地记录不同资产对象、作业类型的维修成本数据,包括各种生产要素(人、物料、能源、设备和工器具)的投入情况,持续积累形成不同资产全生命周期的成本投入数据,并能够和其他业务系统关联,快速获取与资产对象、作业对象相关联的数据,各级管理者可以在数据分析平台快速地实现调用、汇总分析不同资产的多维度、多要素、跨期间的维修成本数据。

在日常运营管理中,各层级管理者可以快速发现数据异常,及时开展精准、高效的成本分析工作。包括快速发现异常数据背后的成本动因影响情况;不同专业的资产,相同专业、不同品牌的资产之间各生产要素的投入情况和结构占比;全生命周期过程中维修投入情况和强度(与资产价值的比重)。实现及时为业务部门提供经营、维修作业改善建议,提升资产、维修作业效率的目的,为效益评价、设备选型、更新改造与大修论证工作提供数据支持。

9.1.3 实践经验

一是关注顶层设计。预算管理是"一把手"工程,为了确保预算的权威性以及企业整体目标与局部目标的协调性,全面预算管理的实施和落地,必须得到高管的认同和支持,并建立相应的预算管理领导机构和工作小组。

二是全员参与。全面预算管理是一种涉及企业组织各个层次的责、权、利关系的制度安排。从单线路运营迈向网络化运营,线路差异带来设备更新快、技术更新快、专业门类多的特点。全面预算管理涉及企业组织的方方面面,需要企业上下统一思想和认识,密切配合。成功的预算管理可作为提高组织和员工能力、加强计划和协调效率的手段,而不仅仅是控制的工具。

三是精细化管理。全面预算数据承载量庞大,管理精度和准确性要求高。全面预算编制需要结合战略规划和业务生产经营实际情况,并基于业务差异化的定额标准编制,同时要求信息及时传达、共享、修正,数据承载量庞大,预算目标设定难度和目标管理难度较大。

四是对标管理。编制全面预算应根据行业特性和自身特点,合理设计全面预算基础指标体系,积极与行业先进水平、国际先进水平对接。预算指标应选择与城市轨道交通行业指标、企业绩效评价标准值、预算执行历史平均值等进行对标管理,并重点关注企业经营类指标及股东报酬类指标的编制。

随着城市轨道交通线网的高速拓展,在保证运营安全的前提下,如何优化安全质量、乘客服务、成本效益三者之间的平衡,是城市轨道交通预算管理工作的重要课题。

企业要探索研究一体化的战略、预算、生产计划的动态整合体系,依托于信息化工具,实现快速、动态地预测未来,及时调整经营计划,实现快速响应并联动;可以业务单元为基础,通过外部数据的输入和内部基础数据的积累,建立全面预算标杆体系,实现全面预算的自动化编制,提高全面预算编制的准确性。

推行频率更高、覆盖面更广的滚动预算机制,有利于缩短预算周期,提高预算编制的准确性,从而实现从预算管理向预算管控的提升,从集权管理发展到差异化的授权管理,从传统预算管理到具有业务特色的新型预算管理体系。

9.2 投资立项管理

投资立项管理是指企业规范投资决策程序、优化投资结构、提高投资收益、防范和控制投资风险的管理行为。投资立项管理应树立市场化的投资理念,强化运营主体在"地铁+""科技+""智慧地铁"链条的实力,促进经营及科技创新成果的市场化转化,提高企业的创新能力与盈利能力,实现运营主体从"运营好"向"经营好"的战略转化。

9.2.1 管理原则

始终坚持以战略为引领,在充分洞悉行业发展趋势及广州地铁运营总部经营趋势变化的前提下,以战略规划为依据、以安全生产为前提、以经济效益为目的,通过加强项目投资管理,不断提升可持续运营能力,持续加强横向协同与纵向支持,加强战略性资源配置,促进企业利益、效益最大化。具体遵循的管理原则如下。

战略符合原则。项目投资应当符合广州地铁运营总部总体发展战略的要求,有利于运营总部获得发展紧缺的资源要素,增强核心竞争力和价值创造能力;有利于实现资产、运维、产业和市场的布局优化,有利于发挥协同效应。

效益经济原则。注重投资综合回报,对于市场化投资项目、先进技术应用项目,广州地铁运营总部应坚持效益优先,着力追求投资回报,提高运营总部的盈利能力;对于公益性、功能性投资项目,在满足社会效益和功能保障的基础上,兼顾运营总部经济效益。

依法合规原则。投资应当严格遵守国家有关法律法规、相关的政策以及集团公司、运营总部相关规定。

风险防范原则。将投资前的风险识别、评估与投资过程的有效控制紧密结合,原则上不得实施存在重大不确定性因素、风险与收益不匹配的项目,确保风险控制在可承受范围内。

能力匹配原则。投资必须结合运营总部实际情况,切实做好现金流匹配和融资保障工作,严禁超越财务承受能力的投资行为,严控虽然符合主营业务需求但只扩大规模、不提高竞争力和收益率的投资行为。

9.2.2 管理体系

(1)适用范围

投资立项管理适用于具有非日常性、阶段性、独特性、相对独立性的一次性业务,包含股权类投资项目、其他经营性投资项目、科学研究项目、设备购置类项目、工程项目、设备更新改造项目、设备大中(架)专项修项目、委外维修类项目、信息化项目、管理咨询项目、工程咨询项目、市场营销项目等。

(2)投资立项审查决策机制

为提高投资项目决策管理水平,广州地铁运营总部规范投资立项管理审查机制,对投资立项项目实施的必要性、合理性、可行性及经济性进行审查。通过对资源使用有效性的审查,将资产、物资、人力、资金、信息、生产组织等资源进行优化配置,实现运营总部投资立项管理的综合效益最大化。

①项目规模控制

结合设备设施投用时间、设备状态、生命周期、升级改造、产业业态、科技创新等条件,运营总部通过年度投资立项计划管理掌握总部下年度投资立项方向及规模,及时纠偏不符合运营总部投资管理、战略规划的投资意向;当投资立项计划超出可支出现金流承受能力时,须通过调整项目立项计划优先级、实施年份等手段使投资曲线平滑,控制各年度投资额度。

②分级审查决策

运营总部对投资项目实行分级审批授权机制,根据公司章程、集团管控规则对所有投资立项项目分为中心授权内项目、运营总部授权内项目、运营总部授权外项目三级,结合各项目类型的特点设置分级审批权限。

对运营总部各中心的授权审批权限设置,可结合中心实际管理能力进行"可收可放"的灵活调整,对项目管理能力强的中心可加大授权,对项目管理能力弱的中心可收紧授权甚至收回授权。

中心授权内项目由各业务单位审批,审批结果报运营总部备案,运营总部定期对中心授权内项目进行抽查,对不符合审批要求的战略方向、投资收益的项目进行纠偏。运营总部授权内项目由各业务单位审查同意后,提交运营总部审批,审批结果报集团公司备案。运营总部授权外项目由运营总部审查同意后,提交集团公司审批。

(3) 投资立项管控机制

运营总部建立"能上能下""能进能出"的项目管理控制机制,对投资立项项目进行全过程跟踪和监控。

①年度投资立项计划执行监控

运营总部建立年度投资立项计划执行台账,对各业务单位计划内投资项目的启动、审批进度进行管控。

各业务单位每月更新投资立项计划执行台账信息,运营总部每季度对未达原定计划执行里程碑的单位及项目进行点评,对未在下达计划年度启动的项目计划判定失效并对责任单位进行考评。

运营总部每年度对各业务单位计划外的立项项目进行统计、考评。

②投资立项项目审批进度管理

运营总部每周对项目中投资项目立项的审批进度进行监控,对停留在同一审批节点超7个自然日的项目进行通报,督促立项单位制定整改措施限期完成整改,加强项目审批时效管控。

对施工工程、更新改造、大中(架)专项修等统筹立项项目,由统筹立项单位建立项目审查台账,并定期向需求中心、运营总部职能管理部门共享项目审查进度信息。

③投资立项项目执行监控

项目启动管理。完成立项审批的项目,自通过审批之日起超过1年未签订合同的视为长期未启动项目,应取消项目,经论证仍有实施必要的需重新申请立项。

项目执行过程管理包括项目执行信息管理和执行异常项目管理。

项目执行信息管理指运营总部每季度组织立项单位填报项目季度执行报

告,收集项目当前进度、执行金额、异动等执行信息,判定项目当前执行状态,是否纳入异常管理。

执行异常项目管理指运营总部制定异常项目判断标准,通过项目执行信息的归类识别出执行异常项目,对识别为异常的项目按红灯、黄灯、蓝灯三个级别进行预警,建立执行异常项目分级督办机制,对未达到整改要求的项目进行考核。运营总部每季度通报挂牌督办清单,对亮红灯项目,由责任单位总经理挂牌督办,每月反馈督办进度;对亮黄灯项目,由责任单位部门经理挂牌督办,每季度反馈督办进度;对亮蓝灯项目,由项目负责人挂牌督办,每季度反馈项目推进进度。运营总部对异常项目督办成效进行评估,根据评估结果进行升级、降级或消灯出库处理。

④项目复审机制

当发生内外部政策、环境及管理要求变化时,由立项单位对已下达的年度立项计划、已完成审批的投资立项项目的必要性、可行性、经济性再次进行论证复审,取消已无实施必要、无实施条件、投资回报过低的项目,杜绝投资浪费。

(4)项目评估机制

投资立项项目评估的主要目的是检查立项项目实施完成情况,进行项目工期目标、投资金额控制、效益目标的回归分析,加强项目立项的严肃性、科学性管理,并为今后同类项目的实施积累经验。

首先,对于持续开展的委外维修项目,业务单位需在当前执行合同到期前18个月完成项目执行过程评估,并将需要优化的工作量、工作标准、工艺、维修通则、维修组织、配员排班、合同条款、管理建议等优化措施形成评估报告,将优化措施落实到新一轮招标用户需求书,用以指导、修正新一轮项目的实施。

运营总部每年组织立项单位,将上年度实施的项目按每个子类进行整体性评估。一个子类对应编写一份评估报告,报告内容包括:项目设置目标评价、项目实施方案评价、项目实施进度评价、项目投资控制评价、项目经济技术效益指标评价等。

此外,对于工程项目、大修项目、更新改造类项目或运营总部指定的项目,在通过竣工验收后3个月内完成项目后评估报告,从项目实施方案、项目实施进度、项目投资控制、项目经济技术效益指标方面对照项目立项时设定的目标进行回归分析,对未达设定目标的项目纳入立项单位、项目负责人、项目经办人的绩效管理评价。

(5)执行考核机制

运营总部根据投资立项项目管理情况,从工作质量、流程效率、内部管理三个维度设置9项管理指标,对运营总部各业务单位立项管理工作的整体水平进行评价,帮助各业务单位发现问题、解决问题、提升能力。

运营总部结合投资立项项目全过程管理的各个阶段从6个维度设置35项过程考核标准,强化对各业务单位过程奖惩的及时性、有效性。

9.2.3 实践经验

为强化投资立项项目精准资源配置,运营总部提出通过"打破固有思维、倡导零基思维、鼓励创新思维"转变投资立项的管理观念,成立总部级、中心级重大项目审查委员会,建立"隐形专家"审查机制。通过现场跟岗、市场调研掌握第一手数据,通过对标法规、行业标杆,结合自身实际优化维修通则,通过关键数据分析优化运作组织,通过人力资源共享优化维修模式组织,进行全方位、全要素项目精准资源配置审查。

(1)重大项目审查委员会架构与职责

重大项目审查委员会向总部"三重一大"决策负责,专家组向重大项目审查委员会负责(图9-5)。

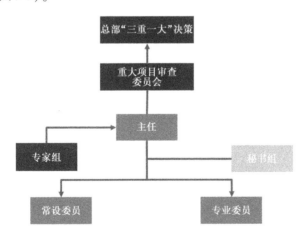

图9-5 重大项目审查委员会组织架构

运营总部重大项目审查委员会设主任1名,由运营总部立项分管领导担任。

重大项目审查委员会采取委员制,委员分为常设委员和专业委员。常设委员由运营总部立项分管领导,企业管理部、财务部、人力资源部、总工程师室部门领导组成,参加所有立项项目评审;专业委员由运营总部副总经理,运营总部副总工程师、各业务单位领导组成,根据立项项目类型及专业参加评审。

重大项目审查委员会下设秘书组,作为重大项目审查委员会日常工作机构,秘书组由企业管理部、总工程师室组成。总工程师室承担科研技改类、创新类项目重大项目审查委员会秘书工作；企业管理部承担除科研技改类、创新类项目外的其余重大项目审查委员会秘书工作。

专家组对项目精准资源配置进行审查,专家组成员由主任确定。

中心级重大项目审查委员会设主任1名,由中心总经理担任;由中心经营班子全体成员任委员参加中心级重大项目审查委员会,发挥班子成员的专业优势、管理优势,对项目资源进行全方位的优化配置审查。

通过精准资源配置工作的开展,培育各业务中心在项目需求、项目概算、合同造价、项目结算等项目全流程的审查、管理能力,从而实现中心投资立项管理能力的提升。

(2)重大项目审查委员会审查原则

重大项目审查委员会以"打破固有思维、倡导零基思维、鼓励创新思维"为审查原则,通过以下方面对项目资源进行精准优化配置。

一是优化维修规程方面。结合线路年限、设备特性及客流强度等,对标最新的法律法规、国家及行业标准,调研同行业及企业现场实施情况,优化维修策略与模式,适应内外部环境变化,减少低效维修成本投入,实现差异化维修资源配置。

二是优化生产组织方面。推动检修规程与生产实际相结合,利用系统工时统计数据,对项目历年工作量、工时利用率、配员等关键数据进行统计分析,结合各专业资源配置、设备匹配及关联性等方面,系统性地规划配置项目资源,整合优化巡检、值守等工作内容与周期,提高维修效率；部署智能运维设备及系统,依靠技术创新促进运营提质增效。通过技术手段替代人工巡检、优化人工值守,减少低价值的维修人工投入。

三是优化资源配置方式方面。充分挖掘自有人力资源,加大内部专业融合,压减委外人员需求；积极盘活既有设备资产,加大备品备件利旧,降低项目新增投资。

9.3 定额管理

定额管理是指用来合理安排和使用人力、物力、财力的一种管理方法,即在生产经营活动中,对人力、物力、财力的配备、利用和消耗以及获得的成果等方面所应遵守的标准或应达到的水平。定额管理是内部控制中事前控制的重要一环,是管理评价的参考标准和编制预算的客观依据。定额主要应用于预算管理、成本管理、绩效考核和决策支持四个方面。

(1)预算管理。定额能提高全面预算管理的科学性,提高年度预算、项目立项编制的准确性,从而实现资源的有效配置,提高企业资金的利用效率。

(2)成本管理。定额是成本核算、成本控制和成本分析的基础,能有助于降低营运成本,实现减亏增效。

(3)绩效考核。定额能为企业的经营目标考核提供科学、有效的依据,真正发挥绩效管理的作用。绩效考核通过实际值与预算目标值的对照,考核各单位的经营业绩,决定相关的奖惩方案。

(4)决策支持。定额能为企业在经营管理、市场开拓和投资决策等方面提供重要的决策依据。各单位、部门在进行新投资项目的可行性研究时,需运用定额进行成本—效益分析,从而判断项目的可行性。

9.3.1 管理原则

(1)坚持科学、规范原则,兼顾行业特色。即坚持科学的态度,遵循科学的程序,采用科学的方法,符合科学的规范,充分结合城市轨道交通行业的运作特色,开展定额的编报与管理。

(2)坚持全面、系统原则,兼顾重点层次。即从运营全流程角度出发,实现定额管理全面覆盖,同时根据业务的重要性程度,构建分级管理体系。

(3)坚持先进、效率原则,兼顾合理可行。即以优化内部控制体系为导向,在保障内控质量的前提下,持续推进运作效率提升。

9.3.2 管理体系

(1)定额管理的类别

城市轨道交通企业的定额可分为标准定额、配置定额和配套定额。

标准定额是指在一定的生产条件下,为实现生产经营目标所需消耗的合理资源数量和价格标准。主要分为三类。

①劳动工时定额。劳动工时定额是指在一定生产技术和生产组织条件下,完成质量合格的单位生产任务所消耗的工时。

②材料消耗定额。材料消耗定额是指在一定条件下,完成单位产品或完成单位工作量所合理消耗材料的数量和价格标准。材料消耗定额涵盖了设备设施维护维修材料消耗定额,包括预防性维护、故障修和大中架修的材料消耗定额。

③运营水电消耗定额。运营水电消耗定额是指在一定的生产条件和设备正

常运转情况下,为生产单位产品或完成单位工作量,所必需消耗能源的数量和价格标准。运营水电消耗定额包括运营电耗定额和运营水耗定额。

配置定额指对公司的设备、物资等各种有形非货币资产进行配置的数量和价格标准。主要分为四大类。

①设备及用品配置定额。设备及用品配置定额主要包含计算机及其配件(生产/管理)、办公家具、办公设备及配件、制服、劳保用品、安全消防器具、客运服务物资、营销物资、工器具、安检物资、生产设备固定资产等配置定额。

②人员配置定额。人员配置定额是将员工配置数量与产出指标建立起数学关系,根据预计产出量来预计人员需求数量。总部的配员标准主要包括各单位、各线路的人员配置定额。

③成本费用配置定额。成本费用配置定额指根据业务实际情况,匹配业务量设定的各项成本费用的单位配置定额。

④库存配置定额。库存配置定额按物资分类对各类物资制定一个既能防范缺货风险,又能降低仓储与订货成本的最为合理的库存区间,区间的上限为最高库存定额,下限为安全库存定额。

配套定额是指用以辅助支持配置定额、标准定额编制和管理的配套支持指标。具体分为三类。

①运营生产设备检修规程。运营生产设备检修规程指各类运营生产设备的检修作业规程。

②经济订货批量。经济订货批量指物料一次订货的最经济、有效的数量,用以辅助支持库存配置定额的编制和管理。

③其他辅助支持配置定额、标准定额编制和管理的配套指标。

(2)定额管理流程

定额管理包括定额编制、定额修订及定额的反馈和检查。

首先,定额编制方法根据定额指标的类别,分成写实查定法、统计分析法、经验估算法和技术计算法。

①写实查定法

写实查定法是根据现场生产、运营的具体条件,在对资源消耗进行实际查定的基础上,制定出消耗定额的方法。写实查定法主要用于劳动定额、材料消耗定额和配置定额的编制。

②统计分析法

统计分析法是在分析、研究统计资料并考虑有关影响因素的基础上编制定额的方法。统计分析法主要用于能源消耗定额的编制,是劳动定额、材料消耗定额、物资库存定额和配置定额的辅助编制方法。

③经验估算法

经验估算法是以有关人员的经验或有关的资料为依据,通过主观估算制定定额的方法。根据定额编制原则,公司的定额尽量不采用经验估算法进行编制。

④技术计算法

技术计算法是根据产品的设计结构、技术要求、加工设备的条件和所采取的工艺流程,通过技术计算来制定物资消耗定额的一种方法。技术计算法可作为材料消耗定额和能源消耗定额的辅助编制方法。

其次,定额的修订分为例行修订和及时修订两种。

例行修订是指公司在每年对所有定额进行全面的检查,总结上年度的定额执行情况,分析实际值与定额值的差异原因,对不够科学、不够合理的定额进行修订。

例行修订的程序是纳入例行修订的定额由编制单位负责修订,经定额管理单位审核、全面预算委员会审定后发文。

及时修订是指当政策法规出现调整,管理模式、生产组织形式发生重大变化,技术、工艺等条件发生改变时,由定额执行单位提出修改意见并能提供合理依据时及时修订定额。

最后,定期组织定额的反馈和检查。

定额的检查指财务部定期组织标准定额和配置定额执行情况检查,根据检查结果编写分析报告,对存在问题提出整改要求和合理化建议。

定额的反馈是在定额执行过程中,各定额管理单位每年需对所辖标准定额和配置定额的执行情况进行至少1次年度自查,同时根据各自管理需要开展不定期的定额执行情况检查,编写年度定额执行情况分析报告。

(3)定额管理关注重点

定额管理各阶段的关注重点,按编制阶段、执行与控制阶段、评估与考核阶段来看,具体包括三点。

①定额编制阶段关注点

关注年度预算与定额的衔接;关注定额编制的准确性、合理性和科学性;关注业务资源整合,形成最优选择;关注安全质量、乘客服务、经济效益的平衡,成本结构的合理性。

②定额执行与控制阶段关注点

关注定额调整是否符合业务实际;关注定额调整的内容、程序是否合规;关注定额执行反馈与分析环节;关注信息管理系统对定额信息的管理作用,及时有效的定额执行信息（数据）是预算管控的基础。

③定额评估与考核阶段关注点

关注定额目标是否符合、引领并促进业务发展；关注定额控制的有效性；关注定额管理工作的推进和完善情况；关注定额管理对标工作（与行业先进水平、国际先进水平、定额执行历史水平的对标比较情况）。

(4) 委外维修定额标准应用

企业经营效益管理以提升资源利用效率、控制成本为主要目标。维修成本是城市轨道交通企业运营成本的重要组成部分。维修成本的主要影响因素为维修规程的要求，但维修规程的编制主要以运营生产安全为主要原则，导致经营目标难以向成本动因前端传导。通过编制委外维修标准，可实现维修规程与委外维修成本转换关系的显性化，并有效贯通成本目标与业务前端的管理。委外维修编制示意图、机电专业维修定额标准构成见图9-6、图9-7。

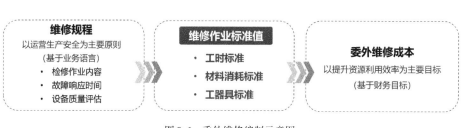

图9-6　委外维修编制示意图

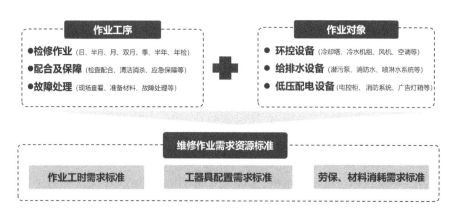

图9-7　机电专业维修定额标准构成

①委外维修标准的修编

委外维修标准的修编以具体维修规程为基础，以基础设备为单元，根据实际现场作业情况，编制各项设备维修作业的值守、巡检、检修工时，材料消耗、工器具配置标准值,同时结合设备数量、作业频次、作业效率等指标,最终形成一套贯穿作业标准与成本标准的标准值体系。

②委外维修标准的应用

通过建立各项专业作业标准值,逐项评估维修作业效率,核准实际维修作业需求,牵引维修作业效率提升,降低维修作业成本。

一是委外维修标准可以更科学、有效地评估委外需求,有助于发挥零基思维,有效支撑项目审查,夯实委外合同需求。

二是委外维修标准可有效量化各项维修作业需求标准,可以根据维修规程变动,及时核定现场资源需求,实现需求资源的快速审核调配。

三是委外维修标准可有效连接业务规程及维修成本,能够实现各项维修规程的经济性评估分析,寻找生产安全与经营效率的平衡点,实现最优运作方案。

四是委外维修标准可量化经营目标,并向维修规程前端传导,能够实现各专业维修规程对应成本目标的分解牵引,明晰目标达成路径,提升管理的效率及指向性,推动前端维修规程优化。

五是委外维修标准可通过建立维修标准闭环管理体系,及时修订标准值,能够实现维修提效管理良性循环,同时有利于培养一线业务部门的成本意识,根植成本管控文化。

9.3.3 实践经验

定额管理需要不断完善信息化管理,同时定额管理的范围将根据业务的深入不断扩大,并且向精细化发展。为了解决定额管理的效率与日益增加的定额内容的矛盾,定额管理将进一步分散管理,通过区分管控定额及评价定额,对定额管理体系进行分类。区分管控定额和评价定额,可满足项目评价和项目审查的需要,同时减少由于增加定额内容带来的管理上的负担。

建立定额管理信息化系统,统一定额管理模板,区分管控定额与评价定额,结合配置对象和配置单元进行管理。关联实际对象,落实定额管理执行、检查、修订工作。根据需求逐步开展信息化管理工作,建立定额管理数据库,将配置对象和配置单元清单与其他系统进行对接,完善定额管理的逻辑监察机制。同时对定额物资需求的申请、发放、修订、检查通过系统平台管理,设置定额修订时间控制节点,避免由于定额的修订导致的配置标准与实际执行存在差异。设立定额管理报表,对定额修订、检查记录进行统计和分析。对定额管理类别进行分类,区分管控定额和评价定额,建立不同的授权体系,在定额管理和运作效率上进行平衡。

加大对基层定额管理工作的培训,同时明确归口管理部门的职责要求。增加对定额管理工作的基础培训,除了对定额执行、检查、修订的具体方式进行培训,也要加强定额管理人员的管理意识,比如对定额管理目的、原理、管理地位等多方面进行培训。明确定额管理范围和考核范围,授权基层管理部分定额,提高基层定额管理工作的主动性。

针对重点物资,结合现有的外部规定和修订要求,对定额成本相对较低的,或者有外部监管要求,以及物资变现收益小的一些配置定额,授权归口部门管理,通过考核定额成本执行率的方式以及其他内控手段进行管理,提高执行单位自主灵活性。对定额修订成本超出定额管控高目标的以及单项定额修订超出一定标准的定额修订不给予授权。基于授权体系,将经营目标以分解的方式传导至定额归口管理部门及定额执行部门,将定额管理目标传导至基层单位,强化管控意识。

9.4 资产管理

资产管理是企业战略发展的重要一环。企业资产是企业除人才以外的另外一个重要元素,良好的资产管理实现资产保值增值,有利于企业持续发展,提升资产效率效益。资产作为运营成本发生的实物载体,其前端投资采购、过程维修维护管理及报废退出对企业的成本利润、现金流、设备状态和可持续经营均有直接的影响。

9.4.1 管理原则

全员参与原则。使员工具备一定的资产管理意识,养成促进资产保值与增值的习惯,关心资产管理工作,能够理解资产管理的方法和工具手段,在日常工作中支持企业资产管理工作开展。同时,做到每个部门和员工清楚掌握所持有资产的规模、性质、价值,将成本意识根植于日常的生产工作中。

经济效益原则。资产管理业务开展必须符合企业未来战略发展方向,能够起到增加价值的效果。通过衡量资产投入产出,全面地评估投入的资产是否达到预期收益,评价各类资产的使用价值。通过以资产为抓手,将资产为载体所发生的成本费用进行归集分析,制定成本管控长期规划,形成滚动有效机制,合理规划资产管理与更新成本。

9.4.2 管理体系

广州地铁所管辖的资产呈现出分布广、距离远、种类多的特点。资产管理模式服务于运营单位的财务与商业目标,在资产战略规划的指导下,对资产使用条件和性能提出要求,通过资产管理方案,明确立项投资采购、新增、使用及退出处置4个不同阶段的任务,资产投用后在保障资产完整性的前提下,以资产利用率和资产投资效益作为首要考评指标,减少资产闲置和停机维修的时间及成本,最大限度地维持资产的表现,在资产综合表现低于或无法满足预期条件性能前,有计划地安排资产更新,进一步延长资产寿命或报废处置。

地铁资产管理形成的过程与工程建设紧密集成、高度相关。由工程建设合同清单形成资产后,将资产移交至运营,形成资产明细台账,满足资产建设、运维、报废全生命期管理要求资产全生命周期管理、资产通用管理模式见图9-8、图9-9。

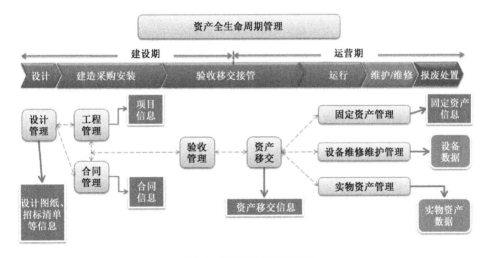

图9-8 资产全生命周期管理

地铁资产管理模式(图9-10)一般采取从上至下的管理过程,从企业发展目标开始,确保资产的安全,通过高效和有效的管理,以较低的成本达到乘客服务目标。具体结合到运营业务要求,工作内容包括以下5点。

①重点对有价值的业务进行控制,掌握资源现状与需求。

②清晰地定义资产与管理责任,明确新增、使用、报废不同阶段的工作重点和流程。

③通过数据验证事实,保留完整的资产全生命周期的历史和知识。

④数据要可追溯,可以接受监管机构和外部审计。

⑤在资产投用过程中,根据企业所选取的维修模式进行保养,通过强调局部更新和重点保养,而非整体更换,在保持可靠性稳定的前提下,降低维修成本。

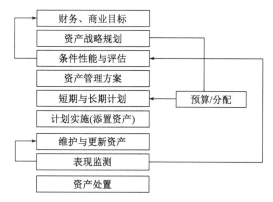

图9-9 资产通用管理模式

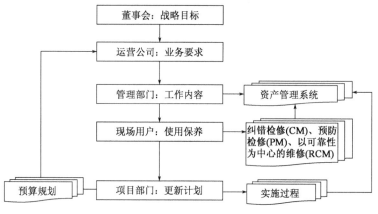

图9-10 地铁资产管理模式

到资产使用后期,应提早统筹规划资产投资与更新规划,减少计划以外的巨额投资,平衡资产管理工作和战略发展。

1)资产分类标准

由于地铁资产规模大、数量多、类别丰富、专业性强,所以合理的资产分类结构和标准是日常资产管理中的一个重要依据,它是指导现场资产管理开展,区分不同资产管理流程的一个输入判断。

第9章 资源精准配置体系建设

一般情况下,地铁按照资产目录(多以站和区间为单位)和资产定义确认固定资产。资产是指企业使用期限超过1年的房屋、建筑物、机器、机械、运输工具以及其他生产、经营有关的设备、器具、工具等。

资产编码采用三级分类有利于资产与设备之间的关联对应,以电动客车组为例(表9-3),作为一项大型资产,通过二级和三级分类后,可以形成相应层次的资产关系,关联设备后能有效应用于后续维修成本和投资的归集。

广州地铁运营资产编码示意(以电动客车组为例)　　表9-3

一级编码	二级编码	三级编码
电动客车组	车身结构	车身结构
	列车空调	列车空调
	车钩及缓冲装置	全自动车钩
		半自动车钩
		半永久牵引杆
	转向架	构架
		动车轮对
		拖车轮对
	列车制动系统	空气压缩机
		制动控制及执行单元
	列车牵引系统	高速断路器
		牵引逆变器
		制动电阻
		牵引电机
		受电弓
		集电靴
	列车控制系统	牵引控制单元
		电子制动控制单元
		列车车辆控制单元
	列车辅助系统	辅助逆变器
		辅助变换器
		辅助电气箱

2)资产管理指标

资产管理指标主要用于评价资产全生命周期的投入产出表观。资产全生命周期评价体系从规模结构、日常管理、利用效率、投资收益四个维度给予综合评价。要全面考量资产全生命周期过程,强化提前规划、整体统筹,以达到最小化资产生命周期成本,最优化资产整体经营效率,最大化资产投资收益。

规模结构指标包括固定资产规模及分布、固定资产新增率、固定资产报废率、单位固定资产收益等。指标用途主要是从线路、中心的维度查看资产规模和分布,评价及反映固定资产的增值能力、退出规模和收益情况等。

日常管理指标包括采购新增及时率、工程项目结转及时率、残体移交及时率、新线移交完成率、账实相符率、盘点完成率等。指标用途主要是确保资产账实相符,为资产的调拨、报废等后续流程打好基础;管控资产及时入账及入账后的实物管理;修旧利废,避免国有资产流失;保障移交工作按时保质地完成。

利用效率指标包括固定资产闲置率、固定资产可用率、固定资产超龄服役情况等。指标用途主要是反映资产的利用情况;反映企业合理使用固定资产程度的指标,可从数量或时间上对这个指标进行分析;掌握资产实际服役状况,优化资产折旧年限。

投资收益指标包括万元资产运营成本、万元资产维修成本、更新改造项目执行率、报废计划执行率等。指标用途主要是从资产管理效益的角度对资产管理进行分析,合理进行资金筹划,制定减值规划等。

3)资产管理流程

(1)资产新增管理

地铁资产增加的渠道主要为基建移交和经营投资(含购置、自行建造)。

基建移交资产是指由财政资金投资的基建项目交付使用的固定资产。

建设单位需在工程竣工验收合格(含质量验收及设备功能验收,且不存在需要整改的A、B类问题)后,将形成的资产交付或者转交资产归属单位。资产归属单位对交付使用资产应及时建立并维护实物台账,确保移交资产的安全完整准确。

基建移交通过实物资产移交系统开展,应按照总包安装合同为主、设备采购合同为辅,同时应根据专业划分,并根据车站、区间、车辆段或线路等维度进行目录起草。

准确完整的移交是为后续竣工决算资产匹配奠定基础,因此移交工作的管控重点为:一是移交流程线上跟踪,确保资产信息及时准确;二是避免遗留整改问题,跟进问题的落实情况;三是移交资产符合目录维度要求;四是移交信息完整准确,例如资产规格型号、使用地点及部门等。

经营投资资产主要有购置和自行建造资产两类。

①购置资产

申购部门需在申报固定资产购置计划前,依据固定资产目录及定义进行资产属性判定,确认资产类别,同时对公司范围内相同或相类似固定资产的配置和利用率情况进行充分分析,合理调配资源,充分挖掘现有固定资产的利用潜能;在完成购置后需及时组织验收、新增、贴码等工作,确保资产及时进入实物管理。

②自行建造资产

自行建造资产是通过工程项目(如中大修等)、委外维修、国产化技改等方式形成的新增固定资产。资产归属单位需以项目为维度牵头项目实施单位建立项目资产跟踪台账,确保项目资产的完整性。同时,对于拆除后需报废的资产应按相关制度要求进行处置。对于项目新增资产,需及时办理资产结转工作,避免账外资产的情况发生。

购置和自行建造资产的管控重点是对新增必要性和效益性进行评估,做好经济效益的分析。

(2)资产日常管理

资产日常管理侧重于对基础工作规范性、及时性的管理,从全生命周期的角度出发,定性定量地对新线移交、资产新增、过程变动管理以及报废退出进行全链条把控,重点关注台账的准确性、实物的完整性以及资产利用的充分性。该管理主要是通过相应的专项清查、自查机制、评价体系、培训制度以及报告机制来确保资产安全完整,有效盘活存量资产,强化过程评价分析,提升管理意识和决策支持力度。

(3)资产退出处置

按照固定资产的去向,固定资产的减少可分为报废、报损、转让等。

①报废

资产归属单位应建立资产报废规划意识,对于已超过正常使用年限,不能正常运作,因技术落后、损坏等原因不能修复,或修复费用超过重置价格的50%或因国家技术标准改变或经上级批准任务变更不宜作改造处理和调剂他用的资产,可申请报废。固定资产报废须组织专业人员开展技术鉴定,结合技术状态等详细说明报废的原因和再利用情况,并对通过技术鉴定、满足报废条件的资产按相关制度进行审批。同意报废后的资产应及时移交残体,并通过残体移交台账跟踪残体变卖情况,实现资产处置的闭环管理。

②报损

固定资产因盘亏、毁损、丢失、淘汰、被盗、意外、灾害等原因造成资产净损失时，应由资产归属单位根据固定资产损失的相关情况，分析说明损失原因，提出报损申请，并按相关流程进行审批。实物已灭失的资产报损不需要技术鉴定，实物未灭失的资产报损必须进行技术鉴定。固定资产报损的技术鉴定与报废一致，后续残体移交同报废流程。

③转让

对于技术鉴定为设备功能正常或有再利用价值的，但公司内无使用需求的闲置资产，可由资产归属单位提出资产转让的申请，经相关部门决策后开展资产评估，并办理转让手续。

④资产的退出处置应重点关注报废报损流程合规和拆除处置的损失问题

一是关注报废报损流程、技术鉴定以及残体变卖处置收入；二是关注新线建设拆除旧线资产涉及损失和补偿机制；三是关注因资产颗粒度不同造成的损失计量。

(4) 资产更新改造

资产更新改造是指对具有独立完整功能的设备设施进行整体资产更新、完善或增加配套项目，以提高线路运行的安全性、可靠性、经济性并满足智能化环保要求。它是企业的一种资本性投资支出，具有运营周期长、规模集中化、影响程度广、技术难度高以及资金需求大的特点。为了缓解集中爆发的资金需求，城市轨道交通企业需要对设备投资安排进行提前部署与筹划，根据设备的运行状态梳理、制定相应的资产更新改造规划，为企业的盈余管理提供决策支撑。

通过跟踪更新改造执行进度，合理铺排项目的资金投入，制定更新改造项目执行跟踪表。各项目负责部门定期反馈实施进度，汇总支付情况与差异原因，为后续的资产报废、减值工作提供支持。

由于更新改造的资金需求量较大，为保证城市轨道交通运营的安全性，城市轨道交通企业要积极从政府层面争取政策支持，建立更新改造专项工作机制，落实资金来源、申报流程以及后续的实施、变更保障机制，统筹规划未来常态化的更新改造需求。

4) 资产管理关注要点

鉴于资产管理形成的过程，可将资产管理分为三个阶段，即资产投资阶段、资产投用阶段、资产处置阶段。在资产形成期间对各阶段的过程关键要素各有要求。

①资产投资阶段

由资产战略主导资产投资，对新增资产需达到的年限、技术性能等有明确的要求；提前编制资产投资计划，区分长期与短期投资计划，保持长期投资计划稳定，短期计划做好更新资产的状态跟踪；关注预算水平与可用资源；关注预算管理对资产管理的影响;关注资产投资项目之间的整合,形成最优选择;关注投资回报率,以最低的资产生命周期管理成本创造最大的资产价值;资产投资行为要关注和平衡乘客服务和维护部门的需求。

②资产投用阶段

关注资产清单定义是否清晰;关注资产维护策略是否清晰;关注资产更新和验收交付环节;关注资产维修成本在运营成本中的占比;关注资产利用率,闲置资产越多资产回报率越低;关注信息管理系统对资产信息的管理作用,及时有效的资产信息(数据)是资产决策的基础。

③资产处置阶段

关注资产处置规划,杜绝资产"突然死亡";关注资产当前的状态分析,还要关注资产过往状态的表现;关注资产处置后的价值损耗。

9.4.3 实践经验

随着国内地铁规模的飞速发展,在短时间内,各运营公司将出现资产规模急剧增长的趋势。基建运营一体化下的"快速开通、安全运营",需要建立完善的运营维护体系,但面临很多难题:对运营维护成本的归集和控制困难;资产类别复杂,难以管理资产类型规则及跟踪变更;资产的管理方式不能满足线路资产的线性管理特性要求;社会公共服务体系的逐渐成熟,对交通服务的要求越来越高。虽然资产管理面临很多难题,但是可以通过创新管理的手段提高资产管理水平,为企业发展提供强力保障。

一是通过信息化手段提高资产管理效率。基于资产全生命周期管理,借助信息系统,结合实际业务的需要,不断完善和优化实物移交、实物资产管理以及财务管理等系统功能,创新资产管理模式,提高资产全生命周期管理的效率,重视资产数据的完整性和准确性,为设备维护维修成本分析以及设备选型等资产效益管理奠定基础。

二是从资产基础管理向资产效益管理过渡。细化资产成本信息归集,逐步建立资产成本信息和履历标准,关注资产投入产出比,合理规划设备更换周期,重视设备选型,合理预测维修成本支出,避免资产不合理配置以及运行维护成本高等问题,重视资产管理工作评价体系建设和运用,全面提升资产管理的决策支持作用,做到从基础管理向效益管理过渡,提升资产全生命周期管理水平。

三是系统制定资产管理规划。紧紧围绕经营发展战略和年度工作目标,持续坚持以"保障资产安全,提升资产效率,强化决策支持"为主线,有序、高效地开展各项重点工作,在确保安全运行的前提下,实现资产增值,降低运营成本,提升效率,实现企业的社会价值。

四是加强既有资产盘活利用。随着业务模式的不断优化调整以及新线建设的需要,或是技术更新换代的需要,地铁内有部分资产处于拆除或是使用频率较低的状态。因此可建立一个信息共享机制,将散落至各个归属部门的资产信息进行整合,在源头建立和不断优化资产配置标准和使用效率。识别不常用、闲置资产,通过"不常用资产高效共享平台"将信息共享,从而建立起整个公司的高效联络机制,打破各中心乃至各部门间的信息壁垒,降低业务过程的沟通成本。需求部门可根据临时业务需要在平台中进行查找,提出调配使用需求。在有同类设备新增需求立项时,业务部门也可通过共享平台获取旧资产的信息,优先考虑可调配资产的利旧使用,避免新增资产的重置浪费,充分发挥资产效用。

9.5 税务管理

税务管理的第一个目标是依法纳税,在税收法律和相关法规上,保障税款及时足额缴纳,保证企业安全、正常运转;第二个目标是规避税务风险,主要是规避税务处罚风险和规避未遵从税法的成本风险;第三个目标是税务筹划,是指在纳税行为发生之前,在不违反法律法规的前提下,通过企业的经营活动和投资活动等涉税事项的事前安排,以少缴税款或者递延缴纳税款。

9.5.1 管理原则

企业财税风险是指财税执行结果与预期经济利益之间的差异产生的风险,造成这种差异的原因可以来自各个方面,包括税收法律法规的变更、企业生产经营的变化等。财税风险可能存在于企业的日常生产经营活动的各个方面。财税风险管理作为企业管理的一项重要的管理内容,应当建立完善的财税风险管理体系。城市轨道交通企业要进行财税风险的管理,内部控制是必不可少的手段,因此要加强企业财税风险的内部控制,做到岗位清晰,职责明确,提升员工的财税风险意识,建立财税风险管理体系,并加强信息交流。从企业内部控制管理制度出发去做财税风险防范,为企业谋得长远的发展。

9.5.2 管理体系

(1)设立专业的税务管理机构

设置专门的财税管理岗位,明确各个岗位的职责和权限,建立有效的职责分工和制衡机制,保证不同岗位之间相互独立、制约,保证不同岗位严格遵守、执行相关要求,保证内部控制机制有效实施。

(2)完善税务管理内部控制制度及流程

编制相关财税管理制度,落实财务税务相关法律法规与企业实际经营业务相匹配,明确各部门内部职责及税务事项流程,为企业的税务行为提供科学、合理、安全的保护环境。

(3)建立税务风险识别评估及控制系统

通过对生产经营的各个环节的把控,识别风险并进行分析评估,结合城市轨道交通行业实际的经营状况、业务特点、纳税情况等,发掘存在的潜在税务风险。对于辨别出来的相关风险,评价该风险对企业营业利润造成影响的概率的大小,确定应对风险的措施。

(4)建立税务管理信息系统

城市轨道交通行业业务复杂、数据庞大,需加强税务数据及流程的信息化,保证税务信息传递的及时性和准确性,加强发票开票保存及比对的信息化,在提高工作效率的同时为乘客提供方便。

(5)不断加强税务管理人员的业务知识及工作技能

不断增加税务管理人员对业务知识的了解,深入业务层面,更好地开展税务指导工作。税务管理人员需不断提高自己的专业技能,对企业发生的经济事项进行事前安排,合理筹划税务。

(6)各税目关注要点

①增值税

政府补贴是否属于票价补贴,是否需要缴纳增值税;行业是否有优惠政策;车站电子发票系统设置的税率是否根据政策进行了调整;附属资源使用收入适用税率是否正确;委外维修维保合同适用税率是否正确;不同税率业务可否单独区分,分别适用不同税率;该取得增值税专用发票的业务是否全部取得了增值税专用发票;增值税进销项计算是否正确,是否按期申报;需要转出的进项税额是否及时转出。

②房产税

对于城市轨道交通行业是否有政策优惠;自用和出租的房屋建筑物范围及面积是否正确;无租使用的房屋建筑物是否全部申报,面积是否正确;附属设备类别、数量是否正确;附属设备的价值填写是否正确;房产税计税基础计算是否正确,申报是否及时;减免备案资料是否完备。

③土地使用税

对于城市轨道交通行业是否有政策优惠;需要缴纳土地使用税的土地面积

是否正确;土地使用税的申报时间是否正确;减免备案资料是否完备。

④印花税

是否有优惠政策;印花税适用税率是否正确;签订的合同是否属于印花税应税范围;是否及时缴纳印花税。

⑤企业所得税

是否有优惠政策;成本费用是否符合扣除规定;固定资产折旧是否符合税法要求;研发费用加计扣除项是否符合规定,资料是否完备,计算是否准确;节能、节水、环保设备的购置费是否符合抵免条件;年度汇算清缴工作是否按时完成。

⑥个人所得税

员工是否了解个税政策,尤其是专项附加扣除政策;员工是否及时正确填写专项附加扣除信息;企业是否收到员工信息并正确代扣个税;年度个税汇算清缴工作是否按时正确完成。

9.5.3 实践经验

一是争取优惠政策节约税负。经过多次与相关政府部门的积极沟通协调,先后取得疫情期间增值税免税政策、房产税减免政策、土地使用税减免政策等各类税务优惠政策,为企业节约税负。

二是通过业务筹划节约税负。城市轨道交通运营业务复杂,主要涉及增值税、房产税、土地使用税、所得税及印花税等。增值税主要涉及票价收入、附属资源经营收入及委外维修维保类合同支出等,通过积极与业务部门沟通,指导业务部门细化委外维修维保合同价格组成,争取不同业务分开核算并分别适用不同税率,减少进项税资金流出,预计"十三五"时期建设的线路可减少约1亿元进项税资金流出。针对房产税和土地使用税,根据最新税收政策以及城市轨道交通行业的特性,进一步细分设备价值,优化房屋及附属设备计税范围,减少供电系统、通信系统和电缆等17亿元资产的计税基数,合理减少税负1000万元;形成纳税申报数据的填写指引,并有效指导业务部门对房产税应税资产清单的填报,确保申报资料的准确性和及时性。积极组织业务部门申请以节能、节水、安全生产设备投资额的10%抵免企业所得税的税收优惠,持续开展研发费用加计扣除税收优惠申报工作。通过研究境内外个税政策,积极筹划境外项目派出人员个税申报,指导派出员工顺利完成个税汇算清缴。

三是全面推进电子发票。城市轨道交通日常运营业务涉及数量庞大但面值较小的发票,纸质定额发票及手工开票工作量大且乘客获取不方便,实现了城市轨道交通运营业务发票电子化后,提高了乘客的体验感,方便乘客的同时也极大地减少了业务部门及财务人员的工作量(图9-11)。轨道交通运营业务区块链电子发票的上线更是对广州市营商环境有着举足轻重的作用,目前广州地铁集团轨道交通运营业务已经基本形成了以电子发票为主,纸质定额发票为辅的发票管理新趋势。

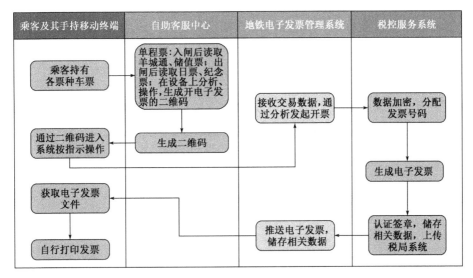

图9-11　广州地铁电子发票应用示意图

9.6　小　　结

广州地铁以全要素资源配置视角,构建涵盖全面预算、投资立项、定额、资产等管理活动的精准资源配置体系,显著提升了各类资源的投放效率与边际效益,但在部分环节和领域仍然存在资源配置低效的现象,如新技术应用与配套生产运作未及时有效适配、行政管理成本提质增效手段单一等。下一步,广州地铁将进一步强化业务中心的前端管控作用,构建"横向到边、纵向到底"的控本增效责任体系,提升节约、集约管理主动性,在更宽领域、更深层次开展精准资源配置。

第10章
经营一体化协同发展

城市轨道交通经营一体化协同,是指整合上下游各类资源,充分发挥各单位专业优势,统筹全局,挖掘和释放协同效益,以实现综合效益最大化。本章以实现线路全生命周期最优效益为出发点,对设计、建设与运营的协同和运营业务与附属资源经营业务的协同两个方面进行分析,总结广州地铁在经营一体化协同方面的探索与实践,阐述如何在设计建设阶段推动运营需求落地,以及利用运营优势协同附属资源经营发展,从而实现控制运营成本和提高经营效益的目的。

第10章 经营一体化协同发展

10.1 概 况

广州地铁运营业务在经营一体化协同方面的实践主要包括运营与上游设计、建设的协同,以及与下游附属资源经营业务的协同。广州地铁运营业务价值链如图10-1所示。一方面,附属资源经营与运营业务密切相关,在车站商铺资源开发、广告资源升级、营商环境优化等方面,需要运营与附属资源经营的紧密配合与有效协同。另一方面,运营业务是城市轨道交通企业一体化业务后端,天然受到前端设计和建设业务输入质效的影响,有必要以实现线路全生命周期效益最优为目标,通过建立设计、建设、运营全流程一体化协同机制,加大运营对设计与建设标准的输入影响力,从源头解决运营技术的痛点和难点,推动运营需求快速迭代和落实。

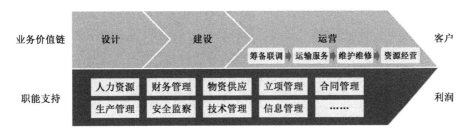

图10-1 广州地铁运营业务价值链

10.2 运营与附属资源经营一体化协同

随着城市轨道交通线网的快速发展,通达的网络化线路和庞大的客流量衍生出特定的附属资源,对附属资源的商业化开发与整合经营是城市轨道交通除票款外主要收入来源之一。城市轨道交通附属资源在开发设计阶段需紧紧围绕运营场景展开,后续经营的商业价值与客流状况、客运服务需求等息息相关。运营与附属资源经营一体化协同,能最大限度平衡运营服务与资源经营,在保障客运服务需求的同时,尽可能多地开发利用优质经营资源,并通过联动作用、协同效应提升已有附属资源的商业价值。

目前,国内各城市轨道交通企业对附属资源的商业化开发程度不同。广州地铁自2010年起将附属资源经营业务及合作经营投资企业(广州地铁德高广告有限公司与广州地铁传媒有限公司)纳入运营事业总部统一管理,主要涵盖传媒广告、车站商业、信息通信、物业租赁及管理等,站均广通商(广告、通信、商贸)收入在国内城市排名前列,约为票务收入的18%。资源经营部门负责业态规划、需求挖掘、产品设计及商务谈判,运营服务部门负责维修维保、施工组织、技术支撑及风险管控,双方各自发挥所长、相互支撑,提升附属资源经营效益。

以广告业务为例,2020年全国城市轨道交通行业的广告经营受整体市场经济下滑及疫情影响,收入出现断崖式下跌,跌幅大于其他户外媒体。广州地铁采取开源节流、降本增效、跨组织支持等多重措施,整体资源经营业绩跌幅小于行业平均水平。经过十多年的融合,广州地铁在客运服务与经营创效协同方面相辅相成,完成了资源经营与运营服务"一体化"的实践,"运营支撑经营,经营反哺运营"理念深入人心。

10.2.1 数量再挖掘:运营场景与经营资源的相辅相成

对已运营场景中可经营、可盘活资源的再开发是附属资源体量增长的重要来源。运营服务部门结合车站环境、客流动线与客运需求,对资源经营部门提出的规划要求进行深入分析,最大限度地挖掘现场可经营资源,支持附属资源体量持续增长。近年来,广州地铁附属资源的再挖掘主要体现在以下三方面。

(1)车站商铺资源开发

车站商业包括在地铁站厅、站台(含车站配线空间、通道)内的商铺、柜台、自助设备终端等商业资源(图10-2)。根据住建部文件要求,地铁车站站厅集中布置的商铺总建筑面积不应大于100平方米。在政策可行范围内,广州地铁对车站环境进行摸查盘点,完成多个车站商铺资源再开发。

a) b)

图10-2 广州地铁车站站厅商铺

(2)自助设备点位开发

随着新零售移动支付的兴起,占地面积小、灵活度高且具有明显租金和人工成本优势的自助设备存在广阔的市场空间。2021年广州地铁通过摸排全线网车站空间,优化车站商业配置,新增自助设备点位337个,引入鲜花自助售卖机、共享充电宝租借自助机、玩具自助售卖机等新设备,丰富商业业态(图10-3)。

图10-3　引入自助设备丰富商业业态

(3)播音导向扩容提效

播音媒体是指在列车行进过程中向乘客播报到站语音、地铁上盖物业、附近商家等名称的声音媒体。导向媒体是指在广州地铁车站一定范围内,以中英文和图例(非商标)标识商家或公司所在位置信息的平面媒体。广州地铁播音导向媒体商业经营时间较长,拥有丰富且稳定的广告客户资源。

近年来,为最大限度盘活资源存量,挖掘商业增量,运营业务部门对线网播音导向媒体进行扩容增效,主要举措如下:一是增加资源,在满足运营乘客服务需要的情况下,增加播音广告的时间;二是提高频率,将列车播音录制工作从每季调整为每月,车站播音录制工作调整为每周;三是扩充客户,将播音导向媒体客户准入范围由车站800米放宽至2500米。2021年通过重新测算区间广播容量,平衡运营信息与商业发布需求,全面增效扩容成效颇丰,例如,广州地铁2、8号线列车广播容量增加256秒,扩容151%,增收超200万元;广州地铁3、5号线列车途径珠江新城的广播扩容后每年增收超60万元。

10.2.2　质量双提升:运营场景与经营资源的双促双赢

广州地铁在挖掘更多附属资源的同时,也致力于提升现有附属资源商业价值。一方面,利用媒体升级改造契机,改善车站出行环境,在硬件上实现资源价值和站容站貌双提升,一定程度上分担运营成本投入。另一方面,运营服务过程中通过品牌活动、文化展览、网红车站策划等传播项目提升车站软环境,增加媒体曝光率,提升媒体价值。典型案例主要包括以下三方面。

(1)公园前站站容站貌提升及媒体改造

公园前站 D 通道原有媒体存在墙面老旧、管线外露、布局杂乱、媒体规格不统一等问题,车站导向标识也存在标识显著性低、易被遮挡的问题。2018 年,全线媒体"一站一策"升级改造项目启动。结合线网站容站貌提升工程要求,公园前站站厅和 D 通道重新规划整改。改造项目摒除传统媒体大面积的墙贴形式,在通道墙面加装搪瓷钢板,安装超薄无边框灯箱及电子屏,打造优质、高端、新颖的媒体组合(图 10-4)。改造完成后,公园前站 D 通道整体站容站貌得到大幅改善,常规媒体面积增加 48.8%,年发布收入增长 38%,媒体商业价值得到显著提升,实现资源价值提升与车站环境改善双重目标。

a)改造前　　　　　　　　　　　　b)改造后

图 10-4　公园前站 D 通道改造前后

(2)珠江新城站站厅布局调整及电子屏媒体改造

珠江新城站位于广州中央商务区的核心地带,是连接广州地铁 3、5 号线的换乘站,日均客流达 60 万人次,日均换乘客流超 30 万人次。站厅布局调整前,车站站厅分了四个独立的付费区,乘客只能通过站台进行换乘,对乘客进出闸的通行效率和大客流时段的客运组织影响甚大。为打破这一困局,2020 年珠江新城站启动站厅布局调整工程,将原有四个独立付费区改造成"十"字形联通,实现广州地铁 3、5 号线站厅无障碍换乘。站厅布局调整工程为期五个月,分区域围蔽,通过控制施工时间、增加人员、增设边门验票机等方式,减少站厅施工对乘客出行的影响。布局调整工程同步进行站厅照明和导向灯箱、电子屏媒体升级改造。改造完成后,车站媒体感官效果提升显著,电子屏广告售卖额提升 250%,吸引客户提前签订 800 多万元广告合同;车站站厅宽敞明亮,乘客进出闸效率、大客流时段客运组织等服务水平大幅上升(图 10-5)。

a)改造前　　　　　　　　　　　　b)改造后

图 10-5　珠江新城站站厅改造前后

(3) 品牌工程培育车站媒体价值新增长点

城市轨道交通附属资源交付后,除了稳定客流带来的基础商业价值,还需结合车站特色,巧妙利用站点自身流量热度,通过服务举措、营销活动提升站点媒体价值。自 2016 年起,广州塔站先后举办声光音乐会、非遗文化展览、"花开广州　全城说爱"等大型品牌公益活动[图 10-6a]。通过持续多样的品牌曝光,广州塔站媒体价值得到质的提升,媒体定级从 A+级升至 S 级,主题展厅刊例价从 24.7 万元提升到 58 万元,涨幅 135%。除广州塔站外,运营总部开发越秀公园站站台长通道作为品牌项目"地下文化长廊"固定展出位[图 10-6b]。纪念堂站通过文化展览等公益项目开发车站媒体位,新增媒体刊例价 28 万元。天河公园站、同福西站通过打造新线开通网红打卡点,在聚集人气、美化环境的同时提升了新线车站媒体价值。

a)广州塔站品牌公益活动现场　　　　　　b)越秀公园站站台展鉴

图 10-6　广州塔站品牌公益活动现场、越秀公园站站台展览

10.2.3　营商环境提升:运营优势对资源经营的有力保障

城市轨道交通附属资源经营特点与运输场景紧密关联,一体化协同机制有

助于资源经营部门获取更加专业的人才队伍支撑。广州地铁运营属地车站为附属资源经营提供日常作业协同,在一定程度上降低了资源经营的隐形成本。如车站工作人员会发挥现场便利条件和运营专业优势,日常巡视附属资源设备状态、广告灯箱上下画作业等,承接商业街设备巡视巡检和维修工作。运营与附属资源经营一体化协同有助于调动各方资源协同经营,共同抵御外部经营风险。

(1)优化商铺运货管理

为协同资源经营部门营造车站良好的营商环境,运营服务部门平衡夜间车站停运后作业排班,调整车站商铺及自助设备运货时间,从车站停运后至2:30,延长至4:00,增加晚间补货站点数,同时实施运营低峰期补货,以提升客户服务水平,降低客户经营成本。

(2)降低安检机设置影响

2017年10月起地铁各车站出入口均设置安检机以加强车站安全管理。安检机的设置对车站客流动线、商铺经营环境造成了不同程度的影响。属地车站、安检中心等运营服务部门与资源经营部门积极沟通,结合车站环境及客流动线,提出安检机放置点优化方案。经多轮研究调整,落实安检政策需拆除商铺数由原计划67间减至8间;通过优化安检机布局,有效改善55间商铺营商环境。

(3)保障媒体建设、发布无缝衔接

广州地铁2号线公园前站环形屏改造因疫情影响无法按期交付,而资源经营部门按照预估工期开展广告销售,提前2个月签订广告销售合同,存在合同违约风险。现场运营服务部门克服疫情对工期的不利影响,确保环形屏建设、发布无缝衔接,实现经营创收。公园前站环形屏改造前后示意图见图10-7。

a)改造前

b)改造后

图10-7 公园前站环形屏改造前后

一方面,运营与附属资源经营一体化有效降低双方管理成本。客运管理人员与资源经营人员相互参与到对方管理工作中,双方逐步融合,共同维护车站现场管理及资源经营,有效缓解车站运营管理与资源经营诉求的冲突,降低了资源管理边际成本。另一方面,运营与附属资源经营一体化实现资源优化配置。客运管理人员对现场情况了如指掌,在优化客流动线同时,能最大限度地挖掘现场经营资源,提升营商环境,一定程度上实现资源优化配置,促进客运管理与客流价值挖掘的协同。当面临突发性经营风险时,运营实体能给予一定的现场管理支撑和专业人员辅助,增加平稳化解风险的保障。整体而言,运营与附属资源经营一体化协同,降低了管理成本,促进了客运服务与资源经营间的需求对接与经营协同,使资源现场管理工作变得更为高效顺畅。

10.3 运营与建设、设计一体化协同

城市轨道交通具有大容量、集约高效、节能环保等突出优点,是城市综合交通运输体系的重要部分,在满足人民群众出行需求、优化城市结构布局、缓解城市交通拥堵、促进经济社会发展等方面发挥了越来越重要的作用。近年来,云计算、大数据、物联网、人工智能、第5代移动通信技术(5G)、卫星通信、区块链等新兴信息技术的飞速发展,加速了交通基础设施网、运输服务网、能源网与信息网络融合发展,标志着我国城市轨道交通由追求速度规模向更加注重安全、质量及效益方向转变。从广州地铁二十多年的运营和经营情况看,必须在城市轨道交通规划设计、建设阶段更加关注运营需求,以降低运营全寿命周期成本,确保交付运营后在更长时间维度具有良好的运营效益。

10.3.1 面临的挑战

广州地铁作为国内城市轨道交通行业的领先企业,在线网规模化运营的形势下,城市轨道交通对公共交通分担率已超过50%,搭乘城市轨道交通出行已逐渐成为市民出行的必选方式。如何让乘客安全、舒适、便捷地到达出行目的地给城市轨道交通运营单位提出了新的挑战。广州地铁既有线路受限于先前城市轨道交通的服务定位及科技发展水平,在当前大规模线网运营情况下,运营安全风险、设备检修投入、整体运维成本与日俱增,在安全、质量、服务、成本投入等方面面临更加严峻的挑战,主要体现在以下七个方面。

(1)车站运作智能化水平不高

目前车站设计能力虽可满足基本运作要求,但车站各专业自动化、集成化、数字化程度较低,维护、运转、监管过程人工介入环节多、效率低;服务设备人机交互功能单一,与市民个性化、多样化、品质化的多元服务需求存在一定差距,整

体人力投入大,运营成本高。

(2)行车组织精准灵活度、多样化程度低

行车组织受线路配线、设备系统功能、列车固定编组等因素影响,导致无法结合客流情况进行精准的运力投放,并在一定程度上导致了能耗的增加。与此同时,各线路间未实现互联互通,对乘客出行的快捷性和通达性也造成了一定的影响。

(3)设备设施安全监测、监控力度不够

一是关键行车设备设施在线监测手段不足,无法实时掌握设备设施状态变化;二是对于特定地段设备设施外部环境的监控缺失,无法第一时间掌握外部环境变化对行车安全的影响。设备设施安全监测、监控力度不够,存在一定安全风险,需通过投入大量人力进行弥补。

(4)关键设备系统健壮性不足

关键设备系统因其功能设计未考虑故障情况下的冗余功能需求,导致故障情况下对运营的影响较大。为保障关键设备系统的正常运行,需在设备系统维护过程中投入较大的维护成本,并且还需要投入人力进行值守保障。

(5)设备设施检修维护运作效率低

一是轨行区行车设备设施巡检因智能化巡检手段缺失,主要依靠传统的人工重复性工作,人力投入较大;二是车站设备因设备分散布置,集中监控力度不够,日常巡检、值守均需要投入大量人力;三是因检修便利性设施配置不齐全或设备位置安装不合理,导致设备设施维护难度大、效率低。

(6)设备设施维修更换及管理成本高

一是设备管理方面,因设备品牌多样导致备品备件通用性差、进口备品备件价格昂贵等,使备品备件库存量增加;二是设备选型与需求不匹配,影响设备系统使用寿命,尤其是电子类产品,因其更新换代速度较快,设备换型或改造的投入也随之增加。

(7)设备运行能耗高

一是在牵引能耗方面,线路敷设方式未考虑节能坡设置、车辆与信号节能曲线不匹配均为牵引能耗较高的原因。此外,未实现运力与客流预测匹配也在一定程度上增加了能耗。二是在动力能耗方面,高能耗机电设备的使用导致能耗较高。车站空调系统未实现结合站内温度变化实时调控,造成一定程度的能耗浪费。三是照明能耗方面,节能照明技术落后,未实现智能照明系统应用,导致照明能耗居高不下。

10.3.2 协同的关键点

广州地铁运营经验表明,现有的设备系统功能、设备设施检修模式等已无法匹配大规模线网高效运营需求,城市轨道交通应在规划、设计及建设阶段全过程中考虑运营的可持续发展问题。上海、深圳等地的城市轨道交通企业相继开展新技术、新系统应用探索,并取得一定成果,如上海地铁15号线GoA4(无人值守列车运行)等级全自动系统、16号线"3+3"列车灵活编组、18号线列车照明系统自动调光功能、轨道交通车辆智能运维系统,深圳地铁20号线智能客服中心,天津地铁6号线(渌咸段)智慧车站管理系统等。广州城市轨道交通的发展方向以服务人民群众出行为中心,有效利用信息化、智能化等新技术手段,贯彻"安全、可靠、舒适、经济、高效"的建设理念,建设拥有强大运输保障、高效生产效率、优质服务品质、绿色节能的可持续运营城市轨道交通系统,主要体现在以下六个方面。

在车站运作管理方面,借助先进技术应用,构建基于设备"全系感知"、系统集成联控、场景灵活适配、操作移动便捷的服务管理、内部管理,推进实现区域站点集中值守和远郊车站无人值守的管理模式,摆脱定时、定点、定岗的运作模式,实现车站设备自运转检测保障模式和站务移动化、区域化管理,提高运作效率和服务输出,降低人力投入。

在行车调度方面,依托多样化配线设计、合理的设备系统设计、正线解挂编组功能、精准客流预测,通过行车交路的动态调整、列车编组的灵活配置等手段,实现运力的精准动态适配、高效运输组织,满足多场景运输需求,提高运输经济性。

在安全管控方面,重点面向车站、轨行区、段场、户外等场景,实现对车辆、通信、信号、供电、轨道、扶梯、站台门、环控设备等关键设备状态的监控;具备车站温度、有害气体监测能力;实现对户外设备设施的全时监控,自动识别钻探、打桩等外部施工行为;实现对公共区、设备区、出入口、轨行区、车厢、段场边界等区域的智能视频监控全覆盖,提升安全管控力度,降低安全保障投入。

在设备选型方面,应符合"技术成熟、安全可靠、节能高效、维修简便"的原则,选用经运营验证功能有效、可靠性高、使用方便、免维修或少维修的设备,以便运营管理和维修,并体现"以人为本"的指导思想;设备选型上应尽可能实现标准化、模块化、通用化,以解决目前设备种类、型号繁多导致的备件采购难、采购成本高、高库龄备件多等问题,从而减少备件的投入,节约运营维护物料成本。

在设备设施检修方面,充分利用在线监测、故障诊断和预测、数据融合、专家分析决策、全生命周期管理等技术,实现车站关键设备巡检由分散型逐步向集中监控转变,基础结构、行车关键设备等轨行区设备设施巡检向集成高效的智能化巡检转变,以此降低设备设施检修的投入,提升运营的可持续性。

在节能降耗方面,应杜绝任何高能耗、落后的机电设备,重点关注环控专业的各类电机;配置成熟稳定的能源管理系统,从线网角度进行考量,使能源管理系统覆盖线网、线路、车站、主要用能设备各个层级,实现精细化管理;全面配置列车制动能耗回馈装置;匹配高效冷水机房、车站环控设备设计功率与实际运营功率,使设备处于最优运行效率;环控系统水泵、风机应用变频调节技术,空调机组采用变风道技术;采用非晶合金变压器等。

借助新一代的信息技术对传统城市轨道交通运营模式进行更新迭代,实现人、车、设备、运行环境、指挥调度之间的在线数据以前所未有的速度、深度和广度进行交互,是未来城市轨道交通技术发展方向。

10.3.3 一体化协同实践

着眼未来,从新线设计、建设阶段就充分考虑新线基础条件,是实现线路全生命周期成本与效益最优、可持续经营目标的最高效方式。在新线设计和建设标准方面,不能仅停留在满足功能性要求的底线标准上,而是要对标行业标杆,充分考虑长期运营的效率、效益,通过领先的设计为可持续经营打下基础。在广州地铁"一体化"协同的整体策略下(图10-8),目前车辆、通信、信号、自动售检票等系统的新线建设职责,由运营事业总部负责履行,形成全流程责任机制。一是通过建设、运营的职责调整,实现运营需求快速迭代和有效落实;二是新线建设、联调、验交在人员、设备上得到充分共享,大规模新线建设交付质量与效能得以保证;三是通过集中新线建设资源与技术能力,有力支撑既有线改造的顺利开展。

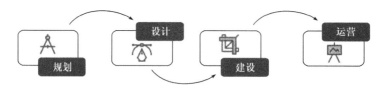

图10-8 "一体化"协同策略示意图

(1)新线设计与建设阶段布局智慧运维

广州地铁由运营单位负责管理新线机电建设,将运营场景中的智能化需求前置到建设阶段,确保智慧化产品高效落地,大幅提升交付运营后的生产管理、数据监测、故障维修等方面的效率,降低整体运维成本。通过"新线需求—新线建设—实际运营—优化完善"闭环流程,将复盘后的实际运营需求在系统设备设计联络、出厂验收、安装调试等多个环节紧密对接,在源头上消除运营安全隐患,形成行业最佳新线建设能力。

以穗腾系统的开发搭建为例。2019年,广州地铁启动新一代轨道交通操作系统"穗腾OS"的研发工作。2020年,穗腾OS 1.0版本智慧地铁示范车站在广州地铁自动导轨快捷运输系统(Automated People Mover system, APM)中的广州塔站实施,搭建了无感票务、智能客服、智慧安检、智能化视频监控等核心应用场景。2021年,穗腾OS 2.0版本在广州地铁18号线、22号线运行,其核心特点是低门槛开发模式、组件化开发模式、标准化设备接入与管理方式、海量数据开放共享,可高效连接各轨道交通设备和系统,可进行统一智慧化调度管理,实现从车站级业务支撑迈向线路、线网级业务支撑。目前,穗腾OS系统在一键式车站自动化管理、场景化应急处置预案、智能化设备状态分析维护提醒、综合运量需求的行车综合监视及动态调度辅助、基于可持续优化算法驱动的设备自适应控制、智能一体化综合监控等方面具有示范应用空间。未来,以穗腾OS系统为基础的智慧交通操作系统将具有更好的通用性,可接入海量的设备与系统,应用在更加多维复杂的运营场景,通过技术革新有效提升运营效率、降低运营成本,构建全新的轨道交通运营模式。

以智慧化场景落地为例。广州地铁18号线作为粤港澳大湾区首条最高运行速度达160千米/时的城市轨道交通线路,是广州地铁建设的第一个智慧地铁项目。广州地铁在18号线首次应用信号智能运维系统,搭建基于信号系统的智能运维平台,实现信号系统实时在线监测、应急处理、数据分析应用,提高系统设备状态监测能力、数据利用效率、故障处理效率、生产管理效率,降低整体运维成本。广州地铁18号线列车首次应用搭建实时在线监测技术和大数据分析技术的智能运维系统,并在广州南站设置智能巡检机器人,实现计划修到状态修的维修模式转变,保障列车运行更加安全可靠。广州地铁18号线首次使用智能客服终端设备、一体化客服中心设备、智能问询终端设备等智能客服设备,为乘客提供更加便捷智能的服务。

(2)以运营需求为导向完善规划设计标准

广州地铁充分发挥设计、建设、运营一体化优势,在总结自身运作经验并吸取行业发展成果的基础上,充分分析既有线设计对实际运营带来的影响,通过完善设计标准、加强前后端沟通协同等,对后续新线规划设计提供有效建议,不断从源头完善规划设计,形成"设计—建设—运营"交互反馈的良性循环。

例如,在线路配线设置方面,早期开通的部分线路配线设计不利于灵活行车组织,主要表现为部分终点站(如1号线西塱站、5号线滘口站等)只能站前折返,折返效率较低,制约了运输效率提升;部分终点站(1号线广州东站、3号线番禺广场站)配线只有一个折返路径,设备故障情况下不能灵活调整行车组织。在段场选址方面,部分线路设置段场数量较少或设置地址不利于车辆进出段场。为保障首、末班车时间,列车需要早出段场、晚回段场,增加空驶里程,减少夜间施工作业时间,这也导致末班车服务时间提升受限。针对上述情况,广州地铁总结既往经验,与设计院共同建立和完善新线配线设置标准。以实际运作的痛点为源头,反推前端设计需要优化的内容,通过跨专业、跨业务的沟通与共同研判,明确提出新线设计建议,为灵活高效的行车组织提供更有利的基础条件。对规划设计的完善主要包括以下三个方面。

一是车辆段出入段线设计。要满足均可同时往两个方向发车和收车的能力。最优的设计方案为八字形出入段线,最大限度地减少出入段列车换端的时间,以提高效率、减少列车空驶里程、降低成本。次优的设计方案应满足主出厂方向为车站数量较多、客流大的方向,实现顺向出厂,同时可以往两个方向发车与接车(图10-9)。

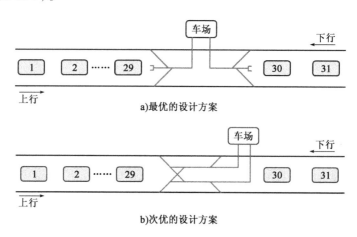

图10-9 车辆段出入段线设计

二是永久终点站、临时终点站配线设计。有条件均设置站前、站后双折返的配线形式[图10-10a)],对于由于工程实施条件限制而无法实施站前或站后配线的永久终点站,在其相邻的车站设置单渡线[图10-10b)]。

三是中间站配线设计。全线停车线宜按照线路中心对称分布,工程条件允许情况下,停车线需设计成连接四个方向[图10-10a)],在有故障情况下可使列车灵活进出停车线及折返线,且折返方向优先保证疏导大客流方向,便于大客流方向开行站后折返的小交路列车。当一条线路长度超过20千米时,根据运营需要在适当位置增设停车场,如条件困难,则应加密存车线设置,在线路终点站或邻近车站设置2~3条存车线[图10-11b)],其中1~2条为"1线2列位"形式,必要时可在"1线2列位"停车线上设检修地沟和足够的照明。

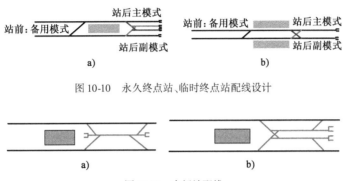

图10-10　永久终点站、临时终点站配线设计

图10-11　中间站配线

在前期规划设计阶段,把握运营需求,对运营基础设施设计、选址开展高效资源配置及共享利用的前端研究,充分考虑既有线网建设运营经验及未来规划线路多元且复杂的影响因素,以节约资源、最大化网络效益为目标,实现基础设施规划布局的系统性、协调性和合理性,对后期建设投资和运营成本的控制起到积极作用。

(3)运营提前介入新线建设与筹备

运营提前介入新线建设与筹备过程,不仅能根据既有线路的运营经验提出建议与意见,从源头上提升设备生产质量,而且能从根本上掌握设备的生产工艺,熟悉部件型号、规格,为以后日常检修及故障处理工作提供参考,整体提升维保能力。

以车辆监造管理体系为例,广州地铁7号线一期于2013年正式动工,按需求在开通前应有23列列车具备上线载客条件。为有效督促车辆总承包商按照合同履约,圆满完成按预期的质量、工期、投资控制目标的既定任务,保证车辆监造工作系统化、规范化、程序化,运营总部成立跨部门的车辆监造组,以安全生产为前提、以体系建设为基础、以管理程序为保障、以实现关键里程碑为导向,优化项目监造管理流程,进一步提升车辆质量,为7号线安全、高质量地开通及后续运营夯实了基础。具体做法为:一是全面分析项目需求,开展7号线车辆项目现状调研,重点关注车辆设计、生产制造、型式试验、例行试验、出厂验收等过程的详细计划;二是根据最新规定标准制订监造管理文本,明确监造归口、接口部门以及建造人员的职责,理顺车辆监造工作的主要工作程序、关键内容及保证措施;三是加强生产质量把控,建立良好沟通机制,在监造过程中发现相关质量问题立即反馈并督促车辆供货商落实整改,从源头上提升车辆生产质量,避免车辆生产制造中的缺陷造成运营重大故障,进而减少后续维保人力物力投入,减少运营晚点、清客及救援,提高列车整体可用率,从整体上提升运营维保能力。

10.4 小　　结

广州地铁以线路全生命周期效益最优为出发点,通过提前介入上游设计、建设阶段,从源头防止工程遗留问题,推动运营需求落地。同时利用运营优势协同下游附属资源经营发展,实现控制运营成本,提高附属资源经营效益的目的。下一步,广州地铁将持续完善"设计—建设—运营—资源经营"联动联调的协同机制,强化"一体化"协同优势,以实现城市轨道交通企业综合效益最大化。

第11章
未来展望

安全发展贯穿城市轨道交通运营发展各领域和全过程,城市轨道交通运营企业的高质量发展和可持续经营应将系统构建安全防线摆在首要位置,不断增强发展韧性,为企业经营创造良好环境。同时,城市轨道交通运营企业应认识到控本增效与开源增收是经营能力的"一体两面",构建两者相辅相成促进经营能力提升的增强回路,让技术和管理成为双引擎,持续提升成本控制和自身造血能力。在苦练内功和外功的同时,以共建共治共享的理念,持续完善经营机制,主动适应国家政策导向和行业发展趋势。

11.1　系统构建安全防线

城市轨道交通运营企业要高度关注安全生产运作,以深入推进安全管理体系和治理能力现代化为目标,持续提升安全管控能力和水平,切实保障运营安全稳定,为可持续经营创造良好环境。

首先是建立综合性、全方位、系统性、现代化的城市轨道交通运行安全保障体系。构建基于设备全息感知、系统集成联控、终端移动操控的安全管理模式,实现内外部所有人员、设备的全方位感知,在设备安全、施工安全、环境安全等方面强化源头治理,完善运营安全责任体系。充分运用设备监测、视频监控、异常预警、风险评估及态势分析等集成信息交互能力,有机联动应急疏散、救援指挥等处置机制,提升安全保障能力,形成高度集成化的安全体系。

其次是提升线网安全运营的系统韧性,加强安全风险预警及通道保障能力。创新风险治理模式,构筑智慧应急体系,强化事前风险防控。健全关键信息基础设施安全体系,利用全自动运行技术,实现行车安全全方位的自适应控制;利用多感知的运营环境检测技术、人工智能识别技术等,建立运营安全状态全息检测平台,实现即时感知、实时预警与自适应控制,降低运营安全事故发生。

以新型地铁保护区管理模式为例,通过地面机械入侵探测与预警、人机协同智慧巡检等技术,自动识别打桩、堆载等外部施工行为,主动构建威胁感知、异常检测、风险评估及态势研判的流程机制,主动预警,联动行车应急组织调整,建立"物防＋技防＋人防"的综合巡检模式。基于雷达探测技术的主动传感探测方式,具有精确度高、抗干扰性强(防雨、防尘、放震)等特点,在恶劣天气和复杂环境下均能保持全天候、全方位探测,能够及时、有效识别线路限界侵入物和异常状态变化,可与车辆、信号系统进行联动控制,提高隧道预警和事故应急处理的能力和效率。

又如,地铁安检系统要应用大数据平台、智能图像识别、集中判图、生物识别等技术,构建"一站式、无感化"安检服务,将传统安检模式向判图智能化、重点人员识别精准化、安检系统网络化的模式转变,打造智慧安检,方便乘客出行。具体包括应用人工智能辅助判图、集中实时远程判图、智慧安检门、太赫兹检测设备及网络化智慧安检管理平台,探索符合未来发展需求的城市出行服务系统。同时,倡导遵守交通法规、增强个人和企业信用体系应用,试点推广"信用＋地铁智慧安检",加强守信激励和失信惩戒。

11.2 纵深推进控本增效

11.2.1 科技降本方面

科技是推动新时代城市轨道交通高质量发展的第一要素,也是运营控本增效的第一手段。

在智慧运维方面,主要通过以下四个方面,构建基于状态感知及维修全周期数据分析的精准维修维护模式,实现多网融合、满足多场景需求的智能决策,形成体系迭代的智慧运维。一是搭建数据开放共享的在线运维大数据云平台,开展城市轨道交通在线运维系统的数据深度挖掘,提升系统的全面感知、实时通信、海量数据分析能力,实现资源的统筹分配与全生命周期管理,为运维管理提供先进、智能、经济的信息化技术支撑。二是研制车辆、信号、线路、供电等专业互联互通的综合检测与运维系统,形成综合检测与运维技术标准,实现工程应用。三是开展城市轨道交通关键设备设施的在线检测技术与运维系统研究,促进运维模式由传统计划修向状态修、预防修转变。四是通过在线监测及数据自动采集、传输和分析,达到无人值守,减少日常巡检运维人员,进而减少运营成本。技术路线实现的关键是围绕感知、网络、数据、平台、应用方面的综合构建,打造行车关键设备设施的实时感知、在线检测、故障预警、状态甄别、数据分析、策略生成的功能机制;结合面向运维场景应用的通用型方法及流水线分析,解决运维数字化构建、组件化技术、信息化分发、策略化适配的共性问题,实现全面感知、响应交互、主动介入、决策定制的主动运维架构体系。

既有线路智慧化改造和全面推动技术创新是运营业务可持续发展的必由之路。面对人工成本"滚雪球"式发展和规划引导型线路带来的亏损压力,在资源总量约束下,城市轨道交通运营企业需克服技术创新投入巨大带来的决策犹豫,坚定进行生产要素升级,奠定运营长期持续发展的基础。一方面通过强计划管控形成压力机制,集中资源落实新技术应用推广;另一方面,通过内部市场化形成动力机制,激发基层组织和个体创新活力,汇聚科技动能。运营企业要强化与设计、建设端口联动,通过提前布局数字化、智慧化科技创新技术应用,在设计前端控制设备设施系统统型,为后期运营客运组织、设备维护维修减少固定成本,为可持续经营奠定良好基础。目前,广州地铁已全面梳理并系统搭建不同运营场景下智慧应用体系(具体详见本书附录),并以此为目标加快智慧运营建设。

在节能降耗方面,城市轨道交通运营企业需持续研究如何有效降低能源消耗及科学评价能耗水平。新时代城市轨道交通将"节能环保"贯穿始终,以期实现可持续发展。因在输送环节暂未有适合于地铁应用的技术及设备,目前城市轨道交通行业主要考虑的节能技术方案途径是:源、储、用。"源"主要是积极引入清洁能源,大力发展光伏发电,充分利用车辆段、停车场、交通枢纽、地上车站屋顶及立面等适宜场地空间,建设分布式光伏电站,安装光电转换效率高的光伏发电设施,推广光伏发电与建筑一体化应用。"储"是深入研究峰谷电价、需求侧响应、虚拟电厂等政策,结合地铁线网负荷特点及地面空间情况,形成与负荷曲线特性相适应的城市轨道交通储能方案,加快推进线网车辆段储能电站建设。积极发展"新能源+储能"、源网荷储一体化和多能互补的分布式新能源,合理配置储能系统。"用"是加大节能低碳改造资金投入,积极争取利用好国家、省、市财政、税收、金融和资金政策,全力支持节能技术改造。

"十四五"期间,广州地铁将积极联合研究机构及设计单位共同开展相关研究,推进多项节能改造研究落地。节能方面重点研究方向主要包括:运输组织优化研究,信号系统列车自动运行(ATO)模式节能运行研究,车站环控节能改造,列车牵引用电与客流、温度的关系研究。目前已启动的在研项目主要包括:车辆段屋面光伏发电项目、创新合同能源管理——环控能源托管服务采购项目、基于工业云和大数据分析的地铁通风空调节能技术研究项目、城市轨道交通信号系统优化节能理论研究(城市轨道交通信号系统节能调度和控制方案)、地铁站环控系统性能与客流量预测研究等。

11.2.2 管理增效方面

网络化运营要求城市轨道交通运营企业需要匹配建立系统性的治理框架,同时具备穿透性的管控能力。企业应聚焦运营战略性工作,做好顶层设计和业务监控,控住安全、服务底线,逐步弱化微观生产领域的计划管理,加大对业务部门"责—权—利"对等下放,授予其核心资源配置自主权,引入内部竞争机制,发挥内部市场在资源配置中的决定性作用,激发生产要素价值增值的内生动力。

从价值创造到价值共享,要求以客观评价经营成效为前提,城市轨道交通运营企业应打通财务数据和业务数据通路,消除"管理烟囱"和"信息孤岛",将财务管理要求前置至业务前端,实现业务与价值的共同管理,从"经验+局部"数据决策转变成全面数据决策。将数据资源转换成数据资产,共同分享数据价值,为所有层级各专业管理人员创造价值。统一数据底座,汇聚企业全域数据,使每一笔业务活动都有精准的价值反映、每一个指标都反映真实的业务水平、每一个组织都能看清自己的价值贡献、每一个要素都能定位准提升方向。

企业应认识到价值创造的最小单元在部门与班组,要做到对运营增值、增质、增效的客观考核,应将现有的财务核算基础下探到基层组织,并从顶层设计着手,联动个体价值分配与价值创造,形成"定价核算—绩效评价—价值分配"的内部市场化路径,实现自下而上的精细化核算,促进自上而下的目标分解与考核反馈,促进基层管理者从发号施令者转变为资源提供者和员工服务者,促进员工从任务执行者到自我驱动创造价值者,以实际激励匹配岗位价值产出,激发最小作业单元的价值创造能力。

企业也要充分借助外部市场力量推动控本增效。从我国当前市场情况来看,具备开展城市轨道交通相关业务能力的企业数量越来越多,它们拥有先进的技术、丰富的经验和齐全的设备配置。因此,在安全可控、经济及技术具备可行性条件的前提下,应加大委外维修专业范围和业务内容,同时创新灵活用工方式,如通过开展客运高峰期引导人员外包,解决车站排班与潮汐客流之间的投入产出匹配性难题。

11.3　全力拓宽增收渠道

11.3.1　服务增值方面

新时代城市轨道交通应以人为本,更加重视出行体验与服务质量,主动链接乘客出行的全链条需求与城市轨道交通轻生活平台服务内容,发挥城市轨道交通全方位服务价值。未来,市民可在出行全链条过程中通过线上、线下多渠道获取各类运输服务信息,实现服务精细化转变。

一是突破多制式协同壁垒,引领无障碍出行体验。强化不同制式城市轨道交通之间的协同联动,突破壁垒、减少障碍,构筑以城市轨道交通为主体的新时代城市绿色交通结构,促进交通运输战略性、引领性、基础性、服务性功能得以充分发挥,使交通服务更加人性化、轻便化,使乘客出行成本和出行时间更趋合理。

二是攻克多模块集成瓶颈,构建自适应客控模式。建议未来动态匹配不同运输需求、灵活变更运力投放安排,结合线网运力和线路条件,采取不均衡运输、空车投放、大站多停等解决方案,实现客运、行车精准匹配;通过对客运设施的联动控制,模式化匹配客控场景、集成化发布客控信息,提升客流管控执行效率,减少乘客出行影响;提升客流预测精准度,优化车站布局,做好流线布置,同时结合远期预测客流,预留客流增长冗余空间,提高车站大客流风险应对能力,提高乘客出行舒适感。

三是精准化智能咨询服务,满足乘客出行需求。搭建多元化、全维度的综合智能客服平台,利用机器人模式实现地铁车站服务咨询功能。乘客可查询线上、线下资讯信息,可使用"虚拟客服+人工服务"的音视频交互平台。在未来"无人化"服务值守模式下,乘客能通过"一键式"操作,通知地铁管理人员及时开展"一对一"的精准响应服务。通过后台集成大数据分析乘客出行属性、服务属性、安全属性和消费属性等乘客画像,根据乘客的不同属性特征、服务需求和精准定位,为乘客提供个性化的线上信息推送。

四是提供自助票务处理,实现精准快捷过闸。智能客服中心将替代人工快速便捷地为乘客提供票务服务。智能客服中心应用"多元支付手段+多元票种选择+多元购票方式"一体化的乘车支付系统,引入生物特征无感过闸方式,满足乘客票卡无法过闸等各类异常情况的自助票卡事务处理、车票查询、支付核对等需求。后台集成实现个体与整体实时高效的收益精准支付、对账和核对,保障乘客良好的票务体验和整体收益安全可控。

五是基于乘客画像标签,提供个性定制服务。围绕乘客个性化需求,为乘客提供定制化的服务内容,满足乘客差异化的服务需求。通过深化大数据分析应用,构建不同属性的乘客画像及标签,搭建差异化、精准化地铁会员服务体系,并结合乘客服务需求及关键敏感变量,提供精准的定制服务。如针对"周末休闲"及"价格敏感性较高"的乘客群体提供地铁商家优惠服务;针对"日常通勤"及"安全可靠度高"的乘客群体提供精准地铁出行信息引导及特殊情况下的最优路径推介;针对"商务办公"及"便捷舒适度高"的乘客群体,提供增值空间服务(商务舱、车站互联网服务等)。

六是延展丰富地铁场景,提供多元增值服务。围绕城市轨道交通地下空间,利用外部商业资源提升站内服务附加值,打造多种乘客服务互动场景,为乘客提供更为多元化的服务内容。如引入外部商业资源,在郊区线路车站、车辆段开展研学活动,拓展增值收入;在地铁车站站厅引入自助雨伞服务设备,在母婴室增加母婴用品。

11.3.2 外拓增收方面

未来,外拓服务市场将面临严峻挑战。国内城市轨道交通线路审批收紧,且受各地政府与社会资本合作(PPP)项目额度、政府严控等因素影响,部分城市PPP项目调整为传统模式开展,导致外拓业务存在诸多不确定性,新线市场拓展空间逐渐萎缩。与此同时,参与到市场竞争当中的竞争者不断增加,仅运营咨询服务国内就已有10余家企业参与竞争,外拓市场利润空间持续受到压缩,未来的市场竞争,尤其是地铁咨询市场竞争必将十分激烈。尽管挑战严峻,但城市轨道交通市场中也孕育着新的发展与机遇。

都市圈一体化使得城际线路成为市场新热点,城际高速铁路和城际轨道交通新型基础设施将迎来新机遇。随着京津冀协同发展、长三角一体化发展、粤港澳大湾区建设和成渝地区双城经济圈的发展规划,都市圈城市群正在成为承载发展要素的主要空间形式,这将大大提升市域快轨的重要性和需求量,同时对既有市郊铁路通勤化提出现实要求。由此可见,未来城市轨道交通多网融合发展和站城一体化建设趋势明显,干线铁路、城际铁路、城市轨道交通多网融合、资源共享、支付兼容、安检互信、票制互通将会得到进一步统筹推进市域快轨的功能效用和服务水平将会提升,这为广州地铁以及广大城市轨道运营企业开辟了宝贵的新市场。

"十四五"期间,城市轨道交通数字化、智慧化建设快速发展。物联网、云计算、移动互联网、大数据等新一代信息技术发展突飞猛进,这些新兴技术应用于智慧城市和城市轨道交通将极大推动现代城市与城市轨道交通的发展。城市轨道交通智能化系统在城市轨道交通智能化、信息化、数字化发展中起到至关重要的作用,这将对传统的运营业务带来较大冲击,也鞭策城市轨道交通产业转型升级的步伐不断加快。同时,行业节能标准制定、新能源应用、绿色节能工艺改进与技术升级等方面都属于亟需重点攻关的新兴领域,谁能抢得技术先机就能抢得市场先机。

未来,广州地铁将发挥运营业务全链条优势,整合各专业资源,系统打造外拓产品体系。健全外拓项目核算及激励机制,强化项目全生命周期管理,提升服务交付质量及利润水平。

11.4 持续完善经营模式

11.4.1 健全法人治理体系

过去,国内城市轨道交通项目的建设与运营长期由政府主导,近年来公有制模式不断改进,PPP 模式被越来越多地利用。以 PPP 模式实施的城市轨道交通项目进入运营期后,将会综合考量战略匹配、运营掌控、成本管控、风险管控、投资收益回报、创新发展需求、市场业务承揽等因素,对运营业务传统的管理理念带来冲击,启发城市轨道交通运营者去探索更多可能性,促成当前对运营业务公司化发展、市场化运作的讨论与研究日益增长。城市轨道交通作为市民出行的重要公共交通系统,在承担大量公益性任务的同时,要在市场竞争中实现自我发展。运营业务市场化运作,是指发挥市场在资源配置中的重要作用,减少行政干预。外部市场化方面,运营产品需以客户为中心,以市场为导向,资源精准配置,将生产链条转化成由市场需求拉动的增值链条。内部市场化方面,要通过市场价格、市场规则引入竞争机制,各环节具有产品和服务的选择权,可整合与共享优质资源,推动不符合市场规则的业务模式转型升级。未来,运营业务的市场化运作就是打破城市轨道交通运营的业务壁垒,创造更多发展可能,实现城市轨道交通运营可持续经营。

近年来以"管资产"转变为"管资本"作为改革主导方向的新一轮国企改革正在进行,实现"政企分开""资企分开",发挥所有权和经营权分离的"缓冲带""连通器"作用,是深化国企改革的重点,因此,运营业务进行专业化、公司化独立运作势必成为趋势。未来,运营业务将以运输产品为核心主线进行横向兼并、纵向整合,建立起全面的现代企业制度,在合适时机引入不同资本,实现股权多元化,转型成为自主经营、自担风险、具有市场敏锐度与核心竞争力的市场主体,实现助力城市发展、普惠市民生活、企业长远发展"三赢"局面。

11.4.2　引入票价动态调整机制

票务收益是城市轨道交通企业最稳定、最主要的收入来源,良好的票制票价既可以保障民生福利、推动城市发展,又能稳固企业经营,实现自身"造血"。广州地铁现行基础票价政策于2006年经价格听证会论证、政府审批通过后实施,至今已有十余年,为广州地铁的可持续发展起到了坚实的保障作用。如今,随着城市轨道交通的蓬勃发展,广州地铁线网里程已突破600千米,票务收益对运营成本的覆盖率呈逐年走低态势,市政府财政补贴的压力也越来越大,这为企业的长期健康运营带来了更多的不确定性,也不利于社会公共交通的平衡发展。因此,如何制定合适的票价政策,更好地适应城市发展变化、更好地平衡市民福利与企业发展、更好地减轻政府财政负担,是摆在政府部门及城市轨道交通企业面前的一项重要课题。

对此,近年来多座城市的城市轨道交通企业做出了积极的探索。香港地铁是全世界极少数能实现运营盈利的地铁之一,其采用全成本因素的定价方式,充分考虑建设投资、固资折旧、运营维护等成本,并保持一定的盈利,政府则对地铁公司实施监管。同时香港地铁建立票价动态调整机制,将票价与通货膨胀指数挂钩,逐年调价,实现费用公平有效地增长,保证票务收益的合理性。北京、青岛相关部门出台轨道交通票价动态调整办法,深圳市将建立城市轨道交通票价动态调整的定价机制纳入《深圳市城市轨道交通票价定价办法》(深发改规〔2020〕3号)当中。

在一张网、一张票、一串城的融合发展蓝图下,未来各大城市群内城市间轨道交通将实现互联互通,在不同城市、不同区域、不同线路间实施差异化票价或将成为优化票价政策的新思路。

11.5　小　　结

企业的可持续经营需要持之以恒的探索,需要水滴石穿的耐心。近三十年来,伴随着社会经济和城市轨道交通行业的飞速发展,广州地铁实现了从单线运营至超大线网运营的跨越式发展,运营服务、安全质量等关键业务指标长期保持行业领先。运营好是企业生存的根基,经营好是企业发展的命脉,企业的经营能力决定着企业生命力的存续,控本增效和开源增收始终是企业未来可持续发展的"双引擎"。在立足大线网高水平运营服务的基础上,广州地铁仍将持续推进经营机制变革,高度重视科技创新对行业进步及企业经营发展的革命性意义,加快数字化转型,形成科技生产力,持续探索有利于企业可持续经营的方法,用实干绘就广州地铁乃至新时代城市轨道交通发展的宏伟蓝图。

附录A
广州地铁智慧化运营典型场景

城市轨道交通运营企业的可持续经营能力从本质上看是一种持续创新能力。科技创新在城市轨道交通运营的高质量发展和可持续经营中具有重要支撑引领作用,运营企业要强化与设计、建设端口的联动,通过提前布局数字化、智慧化科技创新技术应用,在设计前端控制设备设施系统选型,为后期客运组织运营、设备维护维修减少固定成本,为可持续经营奠定良好基础。

根据《新时代城市轨道交通创新与发展》,数字化和智能化是新时代城市轨道交通技术发展的必然趋势,发展重点聚焦于"智慧服务、智能运维"两个关键领域。一是科技赋能智慧服务,通过智慧化手段提高乘客服务的便捷化、舒适化和智能化水平的同时,优化内部流程效率,提升人力、能源等资源利用效能,构筑精准高效的运营组织与管理体系。二是科技赋能智慧维修,通过新线设备建设和既有线设备设施中大修、更新改造项目,以经营效益显著的场景应用为突破点,实现智慧化升级,推进从"人检"向"机检",从"计划修"向"精准预防修、状态修"转变,推动精准维修,控制运维成本。

广州地铁坚持以科技创新驱动运营降本增效。目前,广州地铁已全面梳理并系统搭建不同运营场景下的智慧应用体系,以数字化和智能化为方向,以工程建设为依托,以运营实践为核心,循序渐进部署和推进示范应用,采用分阶段分类别的方式组织实施,聚焦车站运作、乘客服务、运输组织、设备运维等典型应用场景,根据业务需求和技术迭代方向,逐步选取项目落地实施。

A.1 车站运作场景应用

未来站务专业设计应满足"安全可靠、智慧高效、立体融合、绿色持续"的发展趋势,建设广州地铁新时代智能窗口单位。具体从以下几方面进行详述。

安全可靠方面。基于信息数字化、设备数控化、系统平台化、联控场景化等先进技术,实现对车站人员、设备、环境、运作状态的全面感知、动态监测、智能预警、快速处置,形成车站全要素链条的安全智控管理,使车站运作更为安全、可靠。

智慧高效方面。基于穗腾 OS 建立数字驱动的全域自运行管理平台,平台下设四个子系统,包括:集成高效的自运转运维系统(设备管理方面),灵活适配的场景管理系统(内部操作方面),无感畅达的自助服务系统(乘客服务方面),多域协同的公共交通系统。通过前端数据采集、后台算法分析、中央智能决策、运行联动调整,实现车站运作数字化转型,推动管理扁平化、模式灵活化、运作高效化。

立体融合方面。研究实现车站专业内各子系统,以及跨专业、跨系统、跨单位之间的数据共享和场景联动,形成以车站为轴心的管理同心圆,实现基于场景驱动的资源互通、技术共享、专业融合。

绿色持续方面。基于对既有线车站运作现状的全面剖析,深挖设计创效空间,对远期开通的换乘站提前开展一体化适配设计,此外,在设备区房间、公共区装修、设备设施空间布局及功能性方面做优化设计,推动车站运作向更节能、更环保发展。

A.1.1　车站设备智能监测系统

(1) 设备状态自检报障功能

设备系统具备自检功能,可做出场景化智能维修决策,故障后自动生成工单发送专业工班,车站、OCC 具备集中监控功能,超期未处理的工单在系统上发生自动预警后介入督办。系统可实现设备全寿命周期的健康管理,对车站范围内机电设备、客运服务设备、消防设备、AFC 设备、安检设备等多种设备进行不同的状态检测和状态分析,并将数据报送相应专业管理终端。

(2) 车站环境自控功能

设备系统可实时监测地铁环境中各点位的温度、湿度、CO_2 含量、PM2.5 等数据,这些数据项目可在系统中设置目标参数。设备智能联控系统可显示车站站台、站厅、通道、出入口的实时数据,还可实现超标预警并联动设备自动调节到目标参数。

(3) 公共区、设备区视频监控报警

设备系统可根据输入条件实现异常情况识别和报警,如客流逆行、客流集聚、区域入侵、物品遗留、异常行为、物品移除、客伤、建筑崩塌等,具备人物分析、自动寻人等功能。

A.1.2　灵活适配的场景管理系统

(1) 全域管理平台场景设置功能

自动巡站功能:可设置巡站时间、区域、异常检测内容、报警条件、联动设备等。

远程开关出入口功能:支持证件查验、体温查验、健康码查验、人脸识别等。

自适应智能引导功能:利用发光二极管(LED)功能,可动态变更出口资讯、乘车资讯、三维街区图、吊顶导向等内容;具备场景策略编排功能,可设置客流疏导、应急疏散等多个联动场景,编排输入条件、触发、联动客流预测系统、电子导引及导向系统、PIDS、广播系统、AFC 设备、扶梯、照明系统、通风系统等。

防洪动态监测功能：车站出入口、风亭、洞口设置具备视频和通话功能的检测、报警装置；防洪挡板设置为内嵌式，车控室可远程设置挡位并操作相关设备升降。

(2) 站台智能引导系统应用

站台门智能引导显示系统：与列车各车厢载荷情况进行信息交互，从而引导乘客到相应车厢位置候车，既能引导乘客有序候车，又能均衡不同车厢满载率。

LED 地面引导设施：根据客流情况，灵活调整上、下箭头样式和方向；与系统连接，列车开门前闪烁，故障车门前的箭头联动指引乘客到两边车门上下车。

(3) 客运联控系统应用

车站客流预警功能：根据实时监控的客流数据，并辅以车站、区段客流分时预测数据，精准分析区间、站内、站外不同区域乘客滞留情况，监控客流状态并适时启动预警。

客控策略智能研判功能：通过预设满载率、客流密度系数等警戒值，当线网客控应用平台检测相关数据达到阈值时，自动触发相应级别预警，作为线网启动各级客运组织措施的决策依据。

场景化线网联控功能：依据客控策略智能研判结果，促发线网相应级别客流疏导策略，将客控方式、限流数值等分发到控制中心、站点，车站自行联动自适应智能引导系统，促发相关设备状态变更，并自动对接官方 APP、微信、微博等线上平台，发布客控信息，减少人工操作介入。

(4) 数字门禁系统应用

该系统门禁开门按钮设计为非接触式，增加打卡功能，可生成考勤、流调、巡检审计报表等。

(5) 站台门缝隙检测装置应用

每个站台门和列车门之间安装缝隙检测装置，可同时进行门间隙探测和车门关闭，探测时间可压缩到 1 秒内；同时，实现站台及控制中心可远程监控列车客室门状态功能，并可通过系统远程控制列车开关门，从而有效避免夹人夹物事件的发生，压缩停站时间。

A.1.3 无感畅达的自助服务系统

(1) 乘客"One ID"出行服务系统应用

通过定制"One ID"功能，可实现乘客全流程服务信息采集、分析。当乘客通过智慧客服系统或向智能客服中心出示 One ID 二维码，设备系统可对照乘客数据，提供更为精准、全面的自助服务内容。

出行定位感知分析：结合乘客手机定位功能，感知乘客地铁出行位移变化，并通过 APP 提供票务扣费、电子发票发送等票务服务，助力无感出行。

乘客行为偏好分析：结合乘客个人服务偏好、出行习惯，提供咨询应答服务及信息推送服务。

(2)车站智慧服务设备

客服终端轻量、集成、移动设计：车站增加可用于站内、站外全域、全场景的票务服务、信息发布终端，可结合不同情况下的运营场景，在各关键位置灵活设置相关设备，为乘客提供票务办理、咨询、导航服务，特殊情况下替代人工服务。

智能客服系统全功能设计：围绕 AR（增强现实）及 BIM（建筑信息模型）技术，以乘客手机终端建立虚拟服务终端。乘客通过手机实现车站咨询、求助、导航、票务的全流程事务处理，无需现场人工客服介入。

A.1.4 多域协同的公共交通体系

(1)多制式交通服务协同

在广州地铁官方 APP 中嵌入其他交通方式，提供一站式预约功能，如输入起始地、目的地，可自动设计交通方式，预估用时、费用等。当地铁发生突发事件时，官方 APP 可联动第三方出行服务平台，通过提供网约巴士、网约车服务等方式，疏导客流。

(2)设置站外停车服务区

设置站外非机动车停车区，预留足够的乘客进出通行区域。乘客进出站关键路径设置电子禁停功能，通过站外电子嗅探等技术，设定电子禁停干扰区，或通过预埋入电动地桩等方式，设置禁停区域，避免非机动车"围站"。

(3)站外视频监控联动

针对站外非机动车站"围站"、出入口乘客行为异常等情况，站外视频监控设备可智能预警及告知车站、社区、公安等管理单位，及时到场进行处理。

A.2 运输组织场景应用

目前计划性运能投放、固定列车编组的运输组织形式难以满足未来发展趋势，需逐步向"灵活的运能配置、多样化的行车方式"转变。

A.2.1 灵活的运能配置

(1)行车间隔实时调整功能

通过实时评估列车和车站的拥挤情况,结合客流趋势预测,自动增加或减少上线列车,灵活调整相应发车间隔和运行秩序,实现基于客流趋势的运能动态调整和精准投放。

(2)行车交路动态调整功能

基于实时客流动态分布情况的预测,灵活采用不均衡运输、大小交路等方式自动调整列车运行交路。实现匹配实时预测客流的"不同时段采取不同交路,同一时段多个交路混合运行的灵活交路配置"。

(3)列车灵活编组功能

列车具备在线快速编组和解编功能,关键行车设备具备自适应匹配列车编组联动功能。在运营时,可通过自动调整列车编组数量、动态调整运输能力,实现运力的精准动态分布。

A.2.2 运行图在线调整

(1)列车自动监控(ATS)系统功能设计优化

系统可以判断列车先后次序,对于不符合运行图列车次序的列车,不自动触发进路。系统增加可人工编辑预设的控制功能,如"限制区间最大列车数量",可通过提前预设,限制指定区间最大列车数量。系统判断区间有车的情况下,可自动扣停后续列车在后方车站。

(2)系统运行图自动更新功能

从运行图编制到投入正线运行,可自动开展运行图编制、时刻表生成、导入列车系统等流程,无需行调人工组织或者重新编制,减少人力工作难度与成本。

A.2.3 全自动运行系统应用

将信号、综合监控、车辆、供电、环控等专业进行集成设计,可实现全自动运行系统相关各子系统的功能互动,实现100%全功能、全线路、全自动运行环境。全自动运行系统应具备高效、可靠的设备诊断及应急系统,支持设备远程重启、复位、旁路功能,同时信号、车辆设备需要具有完整的冗余功能,减少设备风险。

A.2.4 高效的调度运作配置

(1)智能调度系统应用

实现包括多专业联合的综合调度指挥功能、一体化信息报送和智能化调度处置的高效调度指挥功能；具备各类信息智能化收集、线路全局资源可视化和优化配置、应急处置方案可动态生成并实时纠偏的精准调度决策功能。调度指挥管理功能由自动化专业牵头，通信、信号等专业配合实现。调度指挥管理功能可按运营管理模式和需求灵活配置在车站级、线路中央级或线网级系统。

实现对行车设备、电力设备、车站机电设备、实时客流情况的统一监控和管理。实现一体化的信息报送，增强与外单位的信息共享和协调联动，实现城市轨道交通动态运作、突发事件协调处置、乘客出行友好体验等功能需求。

结合运营生产基础数据、应急资源信息和管理调度处置案例，实现故障的智能接警及判断，动态生成优化的处置流程管控方案；对调度指挥过程进行实时追踪，能实时纠偏并生成后续指挥方案。

对生产管理指标进行统计分析，通过实时数据和历史数据的支持，对与设备安全、服务水平、节能降耗等相关的数据进行各类统计、分析、计算，形成列车运行信息类、服务设备设施类、客流信息类、能耗类、运营评估类、预测预警类等指标。

(2) 智能主控系统应用

可编辑场景模式功能：系统可根据不同场景编辑批量操作模式，类似"程控卡片"功能，当遇到应急情况需要多站点重复操作设备时，可通过前期设定的场景模式或临时组合模式进行批量操作，缩短操作时间，提高应急处置效率。

智能屏蔽报警信息类别及声音功能：系统可根据调度需求，设定只保留调度所需重点监控专业类的报警信息和报警声响，其他非设定报警信息不显示也不发出报警声响，避免干扰调度，导致错过重要报警信息。

设备报警级别权限变更功能：系统可根据需求把区间泵房高水位、车站泵房高水位、水泵超时运行、站台门各类故障、冷水机故障等重要设备的报警级别提高，确保调度员及车站能及时发现异常情况。

设备监控点扩展：系统具有一定扩展性，可把后期新增设备扩展到系统中进行监控，例如线网新增的区间水位监控系统、车站出入口水位监控系统、车站雨量监控系统等，以便调度员及车站对新增设备进行监控。同时，系统可加大兼容性，以应对后续新接入设备，确保系统稳定运行。

系统与各生产应用子系统互联：系统能扩展链接各设备维修工班电脑或App，当发生设备故障时，系统可自动将报警信息通知到对应工班终端设备，提升效能。

系统防灾安全监控功能：基层信息源分布于沿线车站及区间，现场设备采集信息后经监控数据处理设备上报至上级调度中心，如实现风雨天气、异物侵限等的实时监测报警、预警等。

A.3　车辆运维场景应用

车辆设计在安全可靠性方面，重点提升对车辆安全影响因素、车辆设计、行车状态安全监测、运行环境实时感知、乘客安全保障等角度的研究。在绿色节能方面，通过开展整车轻量化（包括新材料、新结构、新技术等）、永磁牵引系统、中高频辅助逆变器以及节能空调的应用，降低列车能耗。在智能运维方面，通过采集车辆车载部件数据、轨旁设备数据、检修作业数据、段场设备数据，再融合其他专业数据，通过分析系统及业务系统进行数据的综合分析并将分析结果进行展示，完成车辆状态监测、部件寿命预测、作业派班、运营调度、故障分析等多方面的车辆健康管理，使车辆检修逐步由计划修转变为状态修，从被动运维转变为主动运维，达到精准检修、降本增效的目的。

另外，参与开展国家重大技术装备攻关工程项目——系列化中国标准地铁列车研制及试验项目，开展车辆标准化设计，推进关键部件自主化、零件通用化、部件模块化、系统集成化、功能配置化、整车标准化、产品系列化、产业规模化、行业规范化，从而达到列车的安全提升、性能提升，达到系统之间、部件之间的统型设计，减少备件数量、降低运维成本，有效降低车辆全寿命周期成本。

A.3.1　车辆车载检测系统

车辆车载检测系统见表 A-1。

车辆车载检测系统　　　　表 A-1

序号	设备名称	安装位置	用　　途	配置标准
1	现地控制柜（LCU）	电气柜	用于地铁车辆控制的无触点逻辑控制单元	每列车安装
2	弓网监测系统	车顶及电气柜	实时监测受电弓与接触网的工作状态，当弓网出现异常状况时，弓网动态监控装置应报警	每条线安装2列车
3	走行部状态监测系统	转向架及电气柜	采用温度监测和冲击监测相结合的多参数诊断机制及专家系统，对列车走行部关键部件及典型钢轨损伤进行全面在线监测	（1）全自动无人驾驶列车和时速120千米/时以上车型，所有列车均安装；（2）时速120千米/时及以下车型，按20%比例配置，剩余列车预留接口和布线

续上表

序号	设备名称	安装位置	用途	配置标准
4	数据集成采集系统[含多功能车辆总线(MVB)]	电气柜	对列车MVB里的所有传输内容进行采集收集	每列车安装
5	车地传输系统	电气柜	主机采集到的数据信息传输到地面	每列车安装
6	车门智能诊断	车门	监测每个车门的运行参数	每列车每个车门安装

以电客车为载体,实现对轨行区桥隧结构、线路、接触网(轨)以及通信、信号、机电等专业设备设施状态的智能化巡视、检测功能,同时兼顾对轨行区运行环境进行实时监测,实现轨行区以"机巡为主,人巡为辅"检修模式巡检,从而降低设备设施巡检人力投入,提高运行安全性。

A.3.2 车辆轨旁检测系统

车辆轨旁检测系统见表A-2。

车辆轨旁检测系统　　　　　　　　　　　　　表A-2

序号	设备名称	安装位置	用途	配置标准
1	受电弓检测系统	正线(尽量靠近车辆段)	采用高分辨率摄像机对受电弓碳滑板顶部进行抓拍,采集碳滑板图像并识别碳滑板裂纹、异物、平行度、偏转角度,并识别受电弓滑板碳粉磨耗、偏磨、掉块等缺陷	每条线设置1处
2	轮对尺寸检修系统	车辆入段线	能用非接触式激光测量方法,准确检测车轮的轮缘高、轮缘厚和轮径值	每条线设置1处
3	轮对探伤检测系统	车辆入段线	对各种车辆车轮进行在线通过式自动探伤。可检测的缺陷包括:整体轮和分体轮的轮缘部位径向裂纹、轮辋内部(滚动圆处)的周向裂纹、踏面径向裂纹;整体轮轮辋与辐板结合部位缺陷	160千米/时及以上线路每个段场设置1处

续上表

序号	设备名称	安装位置	用途	配置标准
4	轴温、齿轮箱及电机温度检测系统	正线(尽量靠近车辆段)	能自动测量列车轴箱、齿轮箱及电机温度,实现被监测部件的自动实时故障诊断和分级报警	每条线设置1处
5	360°外观图像故障检测系统	车辆入段线/正线(尽量靠近车辆段)	监测系统判断列车车底及两侧、车顶是否外观异常、部件异常,并根据故障情况发出预警通知及报警,同时图像监测可判断外墙清洁度,若系统判断列车外墙较脏则安排进行外墙清洗	每个段场设置1处/每条线设置1处
6	车辆轨边轮轨力监测系统	正线的高速直线段轨道	对车辆轮轨力、车轮踏面多边形、车辆横向稳定性、车辆轮重不均衡等动力学状态进行检测和故障诊断预警报警。系统的轮轨振动数据可用于指导车轮镟修,节约车轮损耗和镟轮人力	每条线设置1处

A.3.3 车辆辅助设备系统

车辆辅助设备系统见表A-3。

车辆辅助设备系统　　　　　　　　　　表A-3

序号	设备名称	安装位置	用途	配置标准
1	周界安防系统	车辆段	用于车辆段内入侵报警、视频监控、巡更、访客、出入权限管理	按周长公里计算
2	固定/移动终端	车辆段内各检测点	分为库内工位附近的工控机终端,配属给当班检修工人的手持终端,用于查收检修计划,处理作业任务(反馈执行情况,记录作业消耗),提报故障问题等	根据车辆段实际情况配置
3	检修设备接口软硬件系统	车辆段内各检测点	实现关键设备的监管控,系统性把控设备运行状态、监控状态	根据车辆段实际情况配置

续上表

序号	设备名称	安装位置	用　途	配置标准
4	业务支撑机房	业务操控中心	提供业务系统支撑的服务器	每条线设置1套
5	计算机及辅助工作台（业务操控中心）	业务操控中心	相关班组成员、调度员等配备办公所需PC及主机	
6	操控台	业务操控中心	用于业务系统集中控制	
7	显示系统	业务操控中心	将车辆段的车辆运用、车辆维保的相关信息分别展示在DCC（车辆段控制中心）的多块液晶屏上，可将信息多画面显示，也可将其中的某一个画面全屏显示	
8	调车业务系统	业务操控中心	自动生成收车计划、发车计划、场内调车计划，提供人工对自动生成计划进行调整、确认、发布功能，计划确认下达后可实现对计划执行过程的跟踪记录	线网配置1套
9	检修业务系统	业务操控中心	针对车辆修程、维保工作的信息化管理系统，根据车辆的不同层级修程，将检修工艺流程进行规范化、有序化管理，将检修过程中所产生的检查结果、测量值、故障情况进行格式化、数据化管理；同时通过数理分析手段与物理对象分析系统的集合，实现辅助修程优化、辅助流程优化、车辆状态修、自动化派工、辅助备料等进阶功能，从而贯彻检修作业流程，规范检修工艺要求，保证检修作业质量，掌握车辆健康状态	
10	资源管理业务系统	业务操控中心	实现车辆维保作业所需资源的综合调度管理功能，包括资源类型、台账等基础信息管理，高价互换件跟踪登记管理，流动物资库存跟踪管理，工具调度管理，人力资源管理；通过该系统用户将全面了解资源的保有量、各项资源的占用情况、资源的要求情况，可管理控制资源的协调过程，保证生产高效执行	
11	监管业务系统	业务操控中心	针对生产业务要求及生产进度、生产安全、生产质量制定不同的信息采集方案，实现对生产现场情况实时无死角掌控，包含检修作业安全监管、检修作业进度监管、检修作业人员轨迹监管、检修作业质量监管（需要建立视频监控子系统、物联传感子系统、高带宽有线及无线数据传输子系统）	
12	智能控制业务系统	业务操控中心	远程开关门、供断电、设备启动关闭及应急停止等	

续上表

序号	设备名称	安装位置	用途	配置标准
13	数据中心	分析支撑中心	数据集中统一存储、中转、处理	每条线设置1套
14	计算机及辅助工作台(分析支撑中心)	分析支撑中心	用于分析系统操作	
15	显示系统	分析支撑中心	用于分析系统操作,分析展示,演练仿真等	
16	数据管理服务系统	分析支撑中心	对采集的数据进行整理、分类,实现对所有系统共享数据	线网配置1套
17	故障诊断预测系统	分析支撑中心	转向架故障诊断及预警报警、受电弓故障诊断及预警报警、电气系统故障诊断及报警、舒适度分析、运行安全评估及报警、部件状态跟踪、部件劣化耦合分析、部件健康状态评估与故障预测等	
18	业务管理支撑系统	分析支撑中心	资源配置管理、能耗管理、调车管理支撑、列车适运评估分析	
19	安全管控支撑系统	分析支撑中心	列车运行安全评估、检修作业安全评估	

A.3.4 车辆段设备智能运维系统

车辆段设备智能运维系统包括工程车感知系统、专家远程协作系统等,可实现工程车及工艺设备系统数据接入(包括但不限于工程车、数控不落轮镟床、立体仓库、列车自动清洗机等),实现工程车及工艺设备运行状态监测、任务管理、故障诊断、工艺管理、物料管理等。例如,实时传输工程车运行状态、位置、故障信息、关键系统(如蓄电池系统)参数数据、镟修后轮对关键数据等。

洗车机无人值守远程控制系统。在DCC调度室获取洗车机本地监控视频,远程监控洗车机工作状态。当洗车机出现故障时应有报警指示灯及蜂鸣器提醒,DCC调度员监听到报警信息后拍下急停按钮,洗车机能立即摆回原位。确认司机开行列车安全通过洗车机后,按下复位按钮可对故障报警消音。

A.3.5 工程车行车安全控制系统

搭建线网工程车行车安全控制系统并在工程车上加装行车安全控制设备,

通过获取工程车精确位置、地面防控点位置,结合地面基础数据和场段数据,综合处理形成控车所需的安全防护控制信息,实现工程车运行中的防超速、防信号冒进冒出、防冲撞车挡、防溜逸等功能。

A.4 信号运维场景应用

信号系统设计需要引进先进的运维技术,广泛运用物联网、大数据、云计算、人工智能等新兴技术,推动城市轨道交通信号系统向智能化、网络化、综合化等方向发展,为建设安全、经济、高效、舒适、可靠、可持续运营的城市轨道交通系统打下坚实基础,实现安全服务水平和成本效益的进一步提升。

应用方向主要有五个方面:一是各子系统设备在线监测系统应用,如实现对信号机、电源设备、各类关键继电器、网络传输通信状态、关键板块灯位、设备温湿度等的监测。二是车载式巡检系统应用,即通过车载360°智能巡检设备,实现对信号专业轨行区设备的实时检测。如区间AP(接入点)设备、设备箱盒、光电缆、计轴器、信标等的巡检。三是轨旁及设备房监控设备应用,即通过在轨旁、设备房等特殊场景配置监控设备,实现对轨行区设备台、设备房各设备状态情况的实时监控。如轨行区道岔视频监控、设备房智能化远程监控、信号专业车载悬挂设备巡视等。四是智能运维综合平台应用,即结合车载、轨旁、设备房监测、检测设备应用,以及信号系统自检功能的配置,通过车载数据智能集成平台实现数据共享和融合,实时反映信号系统运行品质。五是基于大数据分析的关键部件运行趋势预测。信号系统关键电子板块应满足关键参数实时监控要求,并能基于实时数据进行大数据分析,对关键电子板块的运行趋势进行预测,建立高精度可靠性计算分析模型,实现精准化维修。

A.4.1 车载式巡检系统

该系统通过车载360°智能巡检设备,对区间信号设备进行全方位扫描,并通过图像识别技术、热成像技术等智能判断现场设备状态。该系统可以各专业共用,具备开放式、可扩展的设计思路,构建持续型可迭代应用开发能力和开放生态圈,满足后续系统扩展及其他专业接入需求。

A.4.2 轨旁及设备房监控设备

(1)应急协同系统

通过在信号设备房、轨旁道岔区域安装高清摄像头,或应急人员随身携带移动高清摄像头组成故障协同处理系统。抢修人员将现场情况及时发送到控制中心和不能及时赶到现场的主要技术人员的手机、计算机、会议室大屏幕上。利用云技术,可以在现场或控制中心流畅地进行主/从互换(即交流主控制权的交替),远程画面、远程声音的实时回传、分享,甚至可以将其他视频监控画面立即加入到现场工作协同系统中来,实现后台专家快速协助现场进行故障处理,各系统高度融合共享、全方位快速响应,并将信息及时推送到前端处置人员及后台支援人员,实现目标可视化、信息获取立体化、应急指挥决策精准化,确保"情况看得见""指令听得着""位置找得到"的可视化协调处理系统,提高故障协同处理效率。

(2)设备房智能化远程监控

通过布置高清摄像头实现对辖区内所有设备房的关键设备、环境信息的远程实时监控(存储时间不少于 7×24 小时)。具备拍摄机柜关键灯位显示和折返站关键道岔继电器动作情况等功能,利用图像识别技术实现关键设备运行状态智能判断、设备异常或故障的智能报警、未授权人员入侵的智能提醒,可将系统监控的所有异常情况报送监控中心或指定的移动终端。

A.4.3 智能运维综合平台

智能化监测及诊断功能:信号系统监测功能需满足目前网络化、智能化需求,并预留与其他系统接口,具备智能化诊断、监测、分析的功能。且系统要具备建立设备状态趋势模型的功能,当设备状态达到某一界限时能够自动进行告警,达到状态修的效果,包含但不限于对所有信号机、计轴区段、电源设备、室外电缆、各种关键继电器、道岔转辙机动作功率、动作电压、动作电流、动作时间、转换方向、动作次数、道岔缺口(含视频)、表示电压等进行监测。系统还可实现对网络传输通信状态监测;对关键板块灯位监控和图像识别;对设备温湿度、PM2.5实时监测;对信号与车辆、站台门电压、外部电网、综合监控系统等的接口信息进行监测。所有监测信息具备图形化、曲线化、报表化直观显示,能够自动诊断异常状态并给出具体维护建议,且系统需具有开放接口,方便后续能增加与修改判断逻辑。

一体化智能运维平台:信号系统需具备设备部件全寿命周期管理系统,宜与智能监测系统等共同实现信号设备智能运维管理一体化,实现设备维护从多平台、离散分布向一个平台管理体系转变,通过大数据提取、分析实现信号设备全生命周期健康管理,智能化诊断设备状态,预测设备可靠性变化趋势,提前规划设备检修及更新改造计划,并生成相应报告,自动编制年度采购物资清单等,真正实现信号设备状态化维修。

A.5　通信运维场景应用

通信设计应以"安全可靠、泛在性、大带宽、可扩展可通达性、互联互通、维修便利"为核心特征。新一代先进通信系统应具备以下特征。

（1）泛在性

一方面是提高通信服务的广泛性，满足尽量多场所的服务需求；另一方面是提高系统的设计余量，在出入口、站厅、站台、设备区、区间等区域预留足够的无线、有线接入条件。

（2）大带宽

具备足够的有线带宽及无线带宽，满足通信专业自身及其他专业大数据业务的承载。

（3）可扩展可通达性

自身设备预留充分的预留端口或扩容条件，快速便捷开展设备扩容，减少设备施工对运营的影响；主干/支干传输路由丰富，跨专业之间传输路由建设相互补充。

（4）互联互通

无线、有线通信网络互联互通，满足跨线路运营管理协调、线网/区域统一调度的需求。

（5）维修便利

系统方面，依托智能运维平台，完善在线设备监测，建设通信智能运维系统，使通信设备由计划修逐步转变为状态修，由被动维修转变为主动维修；设备方面，实现模块化设计理念，优化设备统型及兼容性，提升设备可用性、可维护性，降低设备成本；现场检修方面，推广人性化维修设计，降低维护成本。

应用方向主要有四个方面，一是各子系统设备自身在线监测，如实现无线天馈系统、光缆状态、电池状态、车站摄像头、拾音器、扬声器、显示屏等终端监测功能，代替人工巡视检查设备运行。二是车载式巡检系统应用，即通过列车搭载智能巡检设备，实现对轨行区通信专业轨行区设备的高效检测，如电缆状态检查。三是设备房监控设备应用，即通过在设备房等配置监控设备，实现对设备房各设备状态情况的实时监控，如设备房温湿度、机柜内设备指示灯状态、温湿度数据等。四是智能运维综合平台应用，即结合各子系统自身在线监测功能、车载及设备房监测、检测数据，通过智能集成平台实现数据共享和融合，实时反映通信系统运行品质。

A.5.1 设备在线监测功能

丰富设备在线监测功能,使监控从主设备延伸到终端,如无线天馈系统、光缆状态监测、电池状态、车站摄像头、拾音器、扬声器、显示屏等终端。同时,主设备周边支撑设备运行状态也应纳入在线监测。

A.5.2 车载式巡检系统

通过车载照轨视频识别功能实现对区间线缆凸出情况、设备安装紧固性、是否有施工遗留物的判断识别。实现该功能后可以大幅提高区间行车安全。

A.5.3 设备房智能监控设备

通信机柜内设置导轨式摄像头和温湿度传感器,能够获取机柜内设备指示灯状态、热成像分布图、温湿度数据,并上传控制中心,为故障处理和故障分析提供参考。可以辅助开展设备房巡检及故障处理,可有效减少巡视设备房人力需求。

A.5.4 智能运维综合平台

通信系统及乘客信息显示系统 PIDS 网管设备(包括但不限于设备种类、关键设备、一般设备、关键板件、不同线路、不同子系统)应具备大数据多维度、不同维度同时嵌套的智能分析优化功能。智能网管具备关联 LIMS 等其他业务模块的功能,实现设备监控、专家诊断数据库、工单管理、作业管理、物资管理、报表管理等综合功能,可有效提高设备维护监控能力,优化维修规程,降低维护人员与相关管理人员的投入成本。

A.6 变电运维场景应用

变电系统设计应以安全、可靠、先进、节能、环保和经济适用为原则。在安全可靠方面,应实现线网中压环网供电系统互联互通,并积极应用同期装置进行合环操作,提高系统可靠性。在设备选型方面,应积极应用具有自我监测、自我管理的智能电气设备,通过在线监测装置,实现设备状态及关键技术参数的实时感知、状态预警及性能评估。在节能降耗方面,在源端实现场站屋顶光伏发电;在网端,积极应用可控牵引换流装备、低压直流配电网络;在储端,配置地面储能电站及制动能量储存回馈装置以实现削峰填谷。在数字化转型方面,建设全景可视化的数字化变电所及电缆线路,实现模型及现场的全方位智能监控,实现无人、少人巡检和远程故障判断及初步处理。

应用方向主要有两个方面,一是关键设备设施在线监测及监控设备应用,如对变电所设备的状态监测及周边环境监控等。二是节能设备的应用,如智能储能电站、光伏发电系统等。

A.6.1　变电所智能运维系统

在供电系统一次设备上加装在线监测装置,并搭建以在线监测系统、状态评估系统、设备信息管理系统为主的系统框架,通过对设备核心状态的在线数据采集、监测预警、分析诊断,实现对变电所内各类设备的自动巡检、自动预警、自动输出报表等功能,减少人员到现场巡视次数,及时发现设备隐患,为排除故障节省检修时间,为变电生产检修、运行、预试、调度、项目管理各业务的标准化、规范化管理提供有效的信息支撑平台,提高供电系统运行的安全、稳定性,提高设备的运行维护和管理水平,最终达到对设备的全生命周期管理的目标。

A.6.2　区间变电所视频监控系统

在设备房区域布置高清视频监控设备,将计算机视觉技术融入视频监控系统,对视频数据流进行图像处理、目标分析等工作,识别出供电设备相关状态,如开关刀闸位置、信号指示灯、压板、仪表、保护装置面板,以机器识别取代人工判断,实现设备房的远程、集中、实时监控,达到无人值守、安全防范的目的。

在变电设备房(尤其是区间变电所)与区间变电所周边(独立建筑及与区间风亭合建的建筑)增加视频监控设备,监控范围应覆盖户内、外、360°全景监控,且设备具备旋转功能,并应根据运营需求在常驻值班点设置终端服务器,以便随时调取全线监控画面,实时监控各变电所的运行环境,便于设备设施巡查、防风防洪、变电所外部隐患确认等。

通过对视频数据流进行图像处理、目标分析等工作,以机器识别取代人工判断,对设备房内各类违规行为、设备异常情况、事故等进行预警,通过手机端接收告警信息,达到安全防范的目的。后台人员可通过终端系统对现场维保、故障处理过程的安全措施执行情况进行远程监控。

在设备检修或事故处理过程中,可提供视像通信及录像记录手段,为现场提供远端技术指导,并对事后分析事故原因和事故处理过程,提供可靠依据。设备检修或事故处理过程等可形成录像资料,有利于标准化作业、事故分析总结,也作为生产培训资料,通过终端实时查看、研讨,提高运维及技能水平,形成影像教材资料。

A.7 接触网(轨)运维场景应用

接触网(轨)系统设计应以保证人与设备高度安全可靠与兼顾设备维护便利性和效率为原则。在设计阶段,充分辨识和避免可能出现的安全风险和隐患,同时通过"优化设备布置""多因素考虑设备实际运行工况""设备选型"等手段,优化人员维修环境、减少设备运行故障、提高设备使用寿命和可靠性。充分考虑运营设备维护量和可持续经营,践行建设及运营"降本增效"的设计理念,大力应用新技术革命成果,采用更"集成化、模块化、智能化"的设备设施,配置智能化运维工具,利用远程维修模式替代现场人工作业方式,实现智能化状态修。

主要应用方向有三个方面:一是监测感知层应用车载式巡检系统、关键设备设施在线监测及监控系统、高效先进的工具,实现对接触网(轨)设备的实时监测,全面掌握设备运行状态,降低重复的人工作业强度和人力投入。二是运维监管层融合综合监控、主控系统及其他设备监控,通过系统融合,实现设备统一管理,简化设备状态监控流程,提高设备管理效率。三是运维决策层应用智能运维综合平台,对上传的海量数据进行仿真、对比及分析,实现故障诊断及预测、牵引供电系统全生命周期服役能力保持及优化、剩余寿命预测、维修策略指导等功能。

A.7.1 关键设备设施在线监测及巡检系统

(1)靴轨/弓网在线监测系统

靴轨/弓网在线监测系统安装在运营电客车上,可对受电弓—接触网/集电靴—接触轨相关数据进行采集、传输、分析、处理、存储和评估,可适用于最高速度160千米/时的运营电客车,能全天候对接触轨、柔性及刚性架空接触网进行高精度实时检测。系统主要包含靴轨/弓网工作参数测量、硬点检测、电气燃弧及网压网流监测、高清视频成像及智能缺陷识别功能,可实现运营电客车实时监测,不占用检修资源,同时可对靴轨/弓网运行状态进行全面评估,可作为接触网(轨)由计划性检修向状态修转变的技术基础,从而实现减少维修投入、降本增效的目标。

(2)关键设备/位置视频监测系统

关键设备/位置设置视频监测系统可实现对接触网咽喉区、分段绝缘器、锚段关节、端部弯头、隔离开关、可视化接地柜、廊道竖井电缆的集中监控。同时，在场段设置一个接触网设备集中监测值班室，配置关键设备/位置视频监测系统，实现高清成像及缺陷智能识别功能，有助于接触网专业分散式值班方式向集中式值班模式转变，提高巡视效率与故障应急处置效率。

(3) 隔离开关健康管理系统

隔离开关健康管理系统重点对隔离开关刀闸温度、机构箱电机运行状态进行监测，具体监测内容为隔离开关分合闸时间与电机的电流、电压、功率，形成录波曲线，实现核心部件开关刀闸及机构箱电机状态实时监测与数据分析功能；还可实现刀闸红外测温、电机运行状态监测等功能，以此替代部分人工检修项目，非联络电动隔离开关检修可由半年检改为年检，联络电动隔离开关检修可由年检改为两年检，减少设备维护投入。

(4) 直流1500V电力电缆健康管理系统

该系统可实现直流泄漏电流在线监测，实时监测在不同运行工况下电流运行状态。同时，系统配置一套将监测数据实时传输至接触网专业检修人员处功能，方便日常监测，实时监测电缆泄漏电流，实现减少检修投入、降本增效的目的。

(5) 避雷器在线监测系统

该系统可实现避雷器泄漏电流在线监测，实时监测在不同运行工况下电流运行状态。同时，系统配置一套将监测数据实时传输至接触网专业检修人员的功能，方便日常监测，实时监测避雷器泄漏电流，可替代部分避雷器检修测试内容，实现避雷器检修周期延长，减少检修投入。

(6) 接触网(轨)巡检小车

接触网(轨)巡测小车(巡检系统)作为检修人员日常巡检的检修工器具，将由人工开展的接触网(轨)参数测量及接触轨巡检转变为机器作业，提高巡检效率与质量，降低人力投入。

A.7.2 智能运维管理系统

该系统主要具备接触网设备监测视频、数据的浏览、分类、检索及分析功能，同时可实现设备运营状态评估诊断、故障预测以及维修指导意见下达等全生命周期预测与管理功能，可将接触网专业现场设备监测感知工具与系统所获取的数据进行统一管理，替代依靠人力开展常态化、固定式设备状态数据分析与决策工作，大大提高人员工作效率。

A.8 机电运维场景应用

机电系统智慧运维主要有两个方面：一是车载式巡检系统应用，通过列车搭载智能巡检设备，实现对轨行区电缆等设备的状态巡检，减低人工巡检力度。二是关键设备及特定环境在线监测设备应用，如对站台门、电扶梯、环控设备等设备状态的监测，对区间泵房水泵状态、车站出入口水位的监测。

A.8.1 车载式巡检系统

该系统通过车载照轨视频识别实现对区间线缆凸出情况、设备安装紧固性、是否有施工遗留物的判断识别，提高区间行车安全。

A.8.2 关键设备及特定环境在线监测设备

(1) 环控设备智能诊断系统

该系统通过采集系统和设备状态参数进行算法分析智能诊断系统运行状态，指导设备维修，替代人工巡检和检测类定检工作，实现系统设备的状态修，节省大量人力，提高设备质量状态监测分析的时效性和准确性。

(2) 区间排水设备智能分析系统

该系统可替代人工进行电流、启泵时间、启泵间隔时间等数据的收集分析，节省大量人力，及时发现系统设备的异常情况，实现区间排水系统设备的智能诊断分析。

(3) 区间/车站水位监测和站外雨量监测系统

该系统在洞口及区间泵房内安装360°摄像头，可远程实时监视泵房水位及设备运行情况，出现异常时安排人员到场处理，减少不必要的人员值守，降低人力成本，附带改善人员工作环境。

(4) 电梯智能运维系统

该系统对电梯主要参数状态、困人报警处置等进行实时监测，可通过实时数据监测反溯维保质量、记录运行维保情况、阻止不规范乘梯行为等。

(5) 站台门智能运维系统

该系统可实现电机等核心部件的主要参数实时监测、线路故障监测报警。

(6) 空调水系统水质监测和自动加药系统

该系统可结合有效的在线物理水处理手段，实时自动采集水质电导率、总硬度、浊度、pH值等参数，自动分析并根据分析结果投放相应药剂，实现自动水处理,提高水质质量,提高系统能效,节约能耗并减少人工成本。

A.9 基础设施运维场景应用

基础设施包含桥隧结构、车站结构、车站装修、线路及轨道等相关内容。基础设施设计应在确保满足设备设施功能的前提下,最大程度地提升设备安全可靠性、提升维护维修便利性、降低维护保养投入。通过引进智能检测、监测设备,可实现日常巡检的自动化以提高巡检效率、降低人力投入;实现关键设备设施的实时在线监测,以确保运营的可靠性。通过引进新技术、新设备,可提升设备可靠度,延长设备使用寿命,降低维修投入。

(1)设备设施安全可靠性方面,重点提升对基础设施安全影响因素的监测水平,提升桥隧结构、线路的设计标准,实现对桥隧结构、线路关键设备的实时监测,提升设备设施安全可靠性。

(2)智能化检测、监测设备应用方面,通过以列车为载体,搭载智能化巡检设备,实现对桥隧结构、轨道的智能化巡检,提升巡检效率,降低人力巡检投入。

(3)新技术应用方面,通过新技术应用,延长设备使用寿命,降低维护投入。

基础设施智慧运维应用主要有三个方向:一是车载式巡检系统应用,通过列车搭载智能巡检、检测设备,实现对线路设备的实时巡检、检测,降低人工作业强度,节约人力投入。如车载式智能巡检系统、车载式轨检系统、车载式探伤系统、隧道廓形激光扫描、隧道断面相机识别、管片雷达扫描等。二是关键设备设施及特定环境在线监测设备应用,对线路关键设备如关键道岔、钢轨等进行状态监测,对特殊地段的隧道外部环境进行监测,如边坡状态监测、特殊桥梁状态监测、桥隧结构变形监测等。三是智能运维综合平台应用,应用车载及在线监测设备,通过车载数据智能集成平台实现数据共享和融合,实时反映基础设施运行品质。

A.9.1 车载式巡检系统

(1)隧道检查车

隧道检查车(包含隧道廓形激光扫描设备、隧道断面相机识别设备、管片雷达扫描设备)可基本替代人工巡检,降低人工巡检强度。

(2)车载式智能轨道巡检系统

原则上每条线配置2套车载式智能轨道巡检系统。相比目前人工巡道,该系统主要优点:弹条、异物、扣件缺陷等检出率高,优于人工巡道;检测效率高,频率大,并可及时发现缺陷并报警,能有效指导维修。总体上看,引入车载式智能轨道巡检系统后,可延长人工巡道周期,节约人力成本,同时相比于人工巡检,轨道病害检测更加高效和全面,同时不受作业点影响,可在运营期间进行检测,尤其对于钢轨断轨等严重的故障能够及时发现,可确保轨道设备的安全。

(3)车载钢轨探伤系统

该系统可实现钢轨探伤由定期检测向实时监测方式转变,并实现钢轨伤损的自动判伤功能,以此降低夜间作业时间,提升运营安全可靠度。钢轨探伤系统应包含轨面巡检系统及智能伤损数据判定管理系统。

A.9.2 关键设备设施及特定环境在线监测

(1)隧道静力水准自动测量系统

该系统沿隧道全线均匀布设,监测点间距小于15米,可实现全天候不间断监测隧道沉降变形,减少监测人力投入。

(2)桥梁健康监测系统

针对重点桥梁,开展注浆密实度、应力应变、挠度、徐变的长期自动监测;对特殊桥梁结构开展索力、外部风速、温湿度、截面应力、振动监测,有利于设备维保部门全面掌握重点桥梁结构技术质量状态,提高安全效益。

(3)边坡北斗自动化监测系统

该系统可对高边坡各项监测参数及时预警,有利于维保人员对边坡状态进行实时掌握,在维保人员对边坡整体稳定性以及滑坡趋势进行评估时提供参考数据。

(4)轨温及无缝线路位移在线监测系统

该系统可实现对监测区域内钢轨轨温、环境温湿度、钢轨爬行的实时监测功能,确保轨道运行的安全,可进一步提升轨道设备的管理和维护水平。

(5)道岔伤损监测系统

该系统可对道岔设备进行实时监控,有效检测道岔零部件的伤损情况,当出现道岔伤损或者断轨时能第一时间报警,对钢轨的安全风险进行预警,提示运营维保人员进行相应处理,提高地铁岔区的运营安全保障水平,保障列车运行的安全。

(6)断轨自动监测系统

该系统可及时检测发现钢轨折断信息并妥善处理,保障行车安全。

(7)双轨式钢轨探伤小车

采用双轨式钢轨探伤小车代替手推式探伤小车,可降低工作强度,提升工作效率和测量精度,并有效发现异常状态,节省人工成本。

A.10 车辆基地运作场景应用

车辆基地是城市轨道交通系统的重要组成部分,是地铁车辆停放、检查、整备、运用和修理的管理中心所在地,随着全自动运行技术的快速发展,人工驾驶模式下车辆基地的收发车能力已不能满足全自动运行的行车需求。在此背景下,正线的全自动化逐步延伸至车辆基地,全自动运行车辆基地便应运而生,车辆基地原安全管理模式发生较大变化,对于车辆基地新增的安全管理风险、风险应对措施及管理效率提升均需调整设计思路,设计思路需与全自动化车辆基地的功能需求匹配。

车辆基地设计需求发展方向主要包括列车全自动运行、车辆基地全方位安全监控、车辆基地车辆架大修流水线生产等。通过实现以上功能,可提高车辆基地运作效率,降低车辆基地运营管理成本。

A.10.1 车辆段调度生产自动化智能管理系统

该系统可实现车辆调车计划、收发车计划、车辆检修、设备点巡检、司机派班及出退勤、施工计划及审批、工器具管理、无人区安全防护、断送电登顶安全联锁、异物入侵检测等自动控制功能。同时,通过数理分析手段与物理对象分析系统的集合,实现辅助修程优化、辅助流程优化、自动化派工、辅助备料等进阶功能,从而贯彻检修作业流程、规范检修工艺、保证检修作业质量。

A.10.2 全自动驾驶无人区安全防护系统

该系统包含但不限于以下功能:①DCC综合显示系统;②安全联锁防护管理系统;③车辆管理系统;④车辆收车、调车管理系统;⑤乘务派班管理系统;⑥设备管理系统;⑦工器具管理系统;⑧施工管理系统。

附录B
数据搜集和资料整理工作人员名单

附录B 数据搜集和资料整理工作人员名单

本书在编写过程中得到了大量工作人员在数据搜集和资料整理方面的帮助。负责协助本书各章内容编写的工作人员名单如表 B-1 所示。

表 B-1 数据搜集和资料整理工作人员名单

章 节	姓 名
第1章 城市轨道交通运营发展概况	卢锦生
第2章 城市轨道交通可持续经营分析	史丰收
第3章 广州地铁可持续经营发展概述	陈婧
第4章 高效人力资源配置	郭靖凡、张怡、李贵阳
第5章 精益维修管理实践	徐胜运、叶德盛、付强
第6章 节能降耗绿色发展	史丰收、夏荷香、付强
第7章 多元业务创收探索	裴延甲、古俊华、韩为成
第8章 创新经营考核与激励体系	吴超、蔡家航、王丹
第9章 资源精准配置体系建设	何小龙、古励文、钟闽粤
第10章 经营一体化协同发展	谢思婷
第11章 未来展望	史丰收、吴超
附录A 广州地铁智慧化运营典型场景	吴超、付强

参考文献

[1] 郭蕊.企业可持续发展能力的五维度模型[J].科技进步与对策,2006,23(2):4.

[2] 范明,汤学俊.企业可持续成长的自组织研究——一个一般框架及其对中国企业可持续成长的应用分析[J].管理世界,2004(10):13.

[3] 崔学忠,贾文峥.中国城市轨道交通运营发展报告(2019—2020)[M].北京:社会科学文献出版社,2020.

[4] 王先进,贾文峥.中国城市轨道交通运营发展报告(2020—2021)[M].北京:社会科学文献出版社,2021.

[5] 丁建隆.新时代城市轨道交通创新与发展[M].北京:人民交通出版社股份有限公司,2019.

[6] 蔡昌俊.基于可靠性的城市轨道交通设施设备健康管理[M].北京:人民交通出版社股份有限公司,2021.

[7] 张剑寒.治理发展模式与城市轨道交通项目运营效率的关系研究[J].交通运输系统工程与信息,2017,17(5):7.

[8] 周丽莎.国有资本投资公司实操与案例研究[M].北京:中国经济出版社,2020.

[9] 全国城市客运标准化技术委员会.城市轨道交通行车组织规则:JT/T 1185—2018[S].北京:人民交通出版社股份有限公司,2018.

[10] 中华人民共和国住房和城乡建设部.城市轨道交通技术规范:GB 50490—2009[S].北京:中国建筑工业出版社,2009.

[11] 何霖,方思源,梁强升.城市轨道交通网络化运营的挑战与对策[J].都市快轨交通,2015(2):5.

[12] 何霖,欧阳长城,韩松龄.城市轨道交通规划设计方法与实践——以运营需求为导向[M].北京:人民交通出版社股份有限公司,2020.

[13] 何霖.城市轨道交通网络化运营的实践与思考[M].北京:人民交通出版社股份有限公司,2015.